幕末の大儒学者「佐藤一斎」の教えを現代に

心を治むる指南書「言志四録」を読む

堀江 美州

目次

第二章　リーダーとして人を導くには

第三章　円滑に立派な仕事を行うには

第四章　爽やかな心で充実して生きるには

第五章　人間として正しく生きるには

【凡　例】

言：言志録　（全二四六箇条）
後：言志後録（全二五五箇条）
晩：言志晩録（全二九二箇条）
耋：言志耋録（全三四〇箇条）
全一一三三箇条

はじめに

美濃の岩村藩（現在の岐阜県恵那市岩村町とその周辺）出身の幕末の儒学者佐藤一斎（一七七二年～一八五九年）の著書に、『言志四録』があります。佐藤一斎は江戸幕府の昌平坂学問所の儒官（総長）を務め、その弟子には佐久間象山、勝海舟、吉田松陰をはじめとする幕末の志士ら数千人がいたとされます。『言志四録』は四つの語録から成りますが、そのうちの一つ『言志録』第二条に、「太上は天を師とし、其の次は人を師とし、其の次は経を師とする」とあります。最上の人物は天（宇宙の真理）を師とし、第二級の人物は聖人や賢人を師とし、第三級の人物は聖賢の書を師として学ぶという意味です。

「天を師とする」生き方とは、事に処するに書物やその道の達人に相談するのではなく、自分こそ頼るべき唯一の存在と悟り、自分のこれと信じた道を進もうとすること、と私は考えています。論語にも、「人十有五にして学に志す。三十にして立つ。四十にして惑わず。五十にして天命を知る。・・・」と続く学而編の一節があり、ここでも「天」という考え方が用いられています。

明治維新の立役者である西郷隆盛は、薩摩藩主島津久光の時、君命に背いて島流しとなりましたが、その流刑地沖永良部島の牢獄の中で、この佐藤一斎の『言志四録』を日々傍に置きました。自分の心に訴える百一箇条をそこから書き抜き、西郷の死後明治二十一年になって、『南洲手抄言志録』が出版されています。西郷隆盛は、流刑地でのこの生活において、佐藤一斎の教える「天」という存在を強く意識したのではないかと思います。西郷隆盛が、日本を生まれ変わらせるためには徳川幕府を倒さねばならない、そしてそれが自分の天命であるとまで自覚したのも、佐藤一斎の「天を師とする」生き方を学んだからではなかったでしょうか。

時は一八六八年三月、薩摩藩江戸藩邸で行われた江戸城開城の交渉のこと。官軍側代表の西郷隆盛と幕臣勝海舟が、江戸の町を火の海にしてはならないと、江戸城の明け渡しを決めました。この歴史上の出来ごとに対し、勝海舟から託された手紙を駿府で西郷隆盛に渡し、事前交渉に当たった幕臣山岡鉄舟の存在など様々な解釈があるようですが、私はこの場面で西郷隆盛が、「天を師とする」生き方を選んだのではないかと考えています。因みに、この決断を成立させたもう一方の英傑勝海舟も、佐藤一斎の孫弟子であったことを考えると感慨深いものがありますが。

私は平成二十六年四月一日に、佐藤一斎出身の美濃岩村藩を管轄する岐阜県の出先機関に赴任することになりました。恵那市にある宿舎で生活し、恵那地域で仕事をするにつれ、周囲に佐藤一斎を語る人たちが多いこともあり、以前から頭にあった佐藤一斎の『言志四録』の至言の数々を人々にも伝えたいと強く考えるようになりました。そして宿舎に戻った朝晩の独り居の時間に書き連ねたものが本書であります。

一斎が『言志四録』を書いた幕末から約百五十年経った今日、人口減少社会に突入した我が国を支えていく人々に、その処方箋とも成り得る一斎の教えの数々を伝えることはできないか、と思います。従って、タイトルは「幕末の大儒学者　佐藤一斎の教えを現代に」となった次第です。

また、この教えを我が子や孫にも伝えることができたらと願うものですが、とりわけ現代社会の問題に敏感な長女に捧ぐる気持ちで、本書を執筆致しました。

今回、『言志四録』千百三十三箇条の中から、自身の解説を付け加える形で百二箇条を紹介しました。この百二箇条を、「己を見つめ、社会で役割を果たすには」、「リーダーとして人を導くには」、「円滑に立派な仕事を行うには」、「爽やかな心で充実して生きるには」、「人間として正しく生きるには」の五つの分野に整理し、一箇条づつを読み下し文、翻訳文、そして自己解説という三段構えの構成としました。この読み下し文については、『言志四録』の四冊を講談社から全訳注として出版された故川上正光氏のもの（『言志四録』㈠～㈣　講談社学術文庫　一九八一年刊）を、参考文献として参照させて頂きました。

本書を五章に分け、章ごとに前記のテーマを設定しています。その章ごとに並んでいる各箇条の解説（エッセイ）を、ひとかたまりとして読んで頂くのも良いですし、五章のどこから、またどの解説（エッセイ）から読んでもらってもかまいません。是非ご一読願い、内容が現代社会の諸問題の解決策足り得るものか、お考え頂けたら望外の喜びであります。

平成二十九年五月吉日

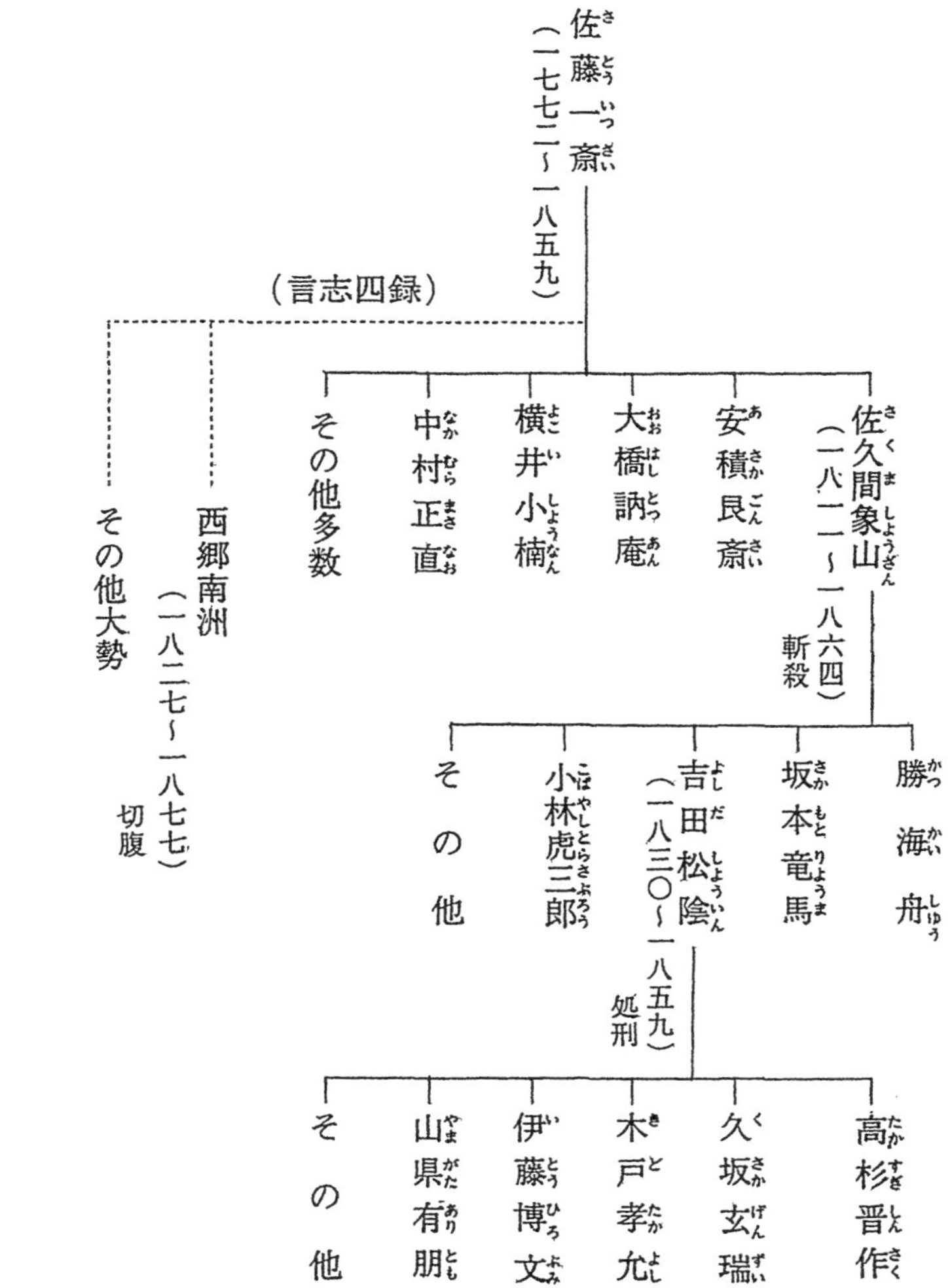

図Ⅰ　一斎先生とその略系譜
※『言志録』川上正光全訳注 P15 講談社学術文庫から

第一章　己れを見つめ、社会で役割を果たすには

（一）「天を師とする」

太上《だいじょう》は天《てん》を師《し》とし、其《そ》の次《つぎ》は人《ひと》を師とし、其の次は経《けい》を師とす。（言二）

普通の人は、書物から学ぶ。その上の人は、立派な人から学ぶ。最上級の人は、宇宙の真理から学ぶ。

何かを実行しようとする時、世の中の仕組み、ルールや考え方を学ぶのに、書物は手っ取り早い存在です。今日では、インターネットの発達により、ネット検索で知識や情報を得ることが容易にできるようになりました。しかし、書物やネットでは知りえない情報や知恵は、その道の人に会ってしか得られないものがあります。

究極の師は天であると、一斎は教えていますが、この場合の天とは何でしょうか。世に出ている本では、これを「自然」、「宇宙の真理」、「神様」、「我が心」など様々に解説しています。

私は、この場合の天とは、自分自身であると考えます。そして、「天を師とする」、とは自分自身で最上の判断をすることだと思います。これまでに得た知識や情報、これまでに経験したことなどを基に、客観的な状況分析の上で最後は自分が決断するしかない、と一斎が教えているように思います。

自身で決断出来ない時は、人からアドバイスを得たり、書物やネットを参考にすればよい、と思います。本条は、人がそういう判断・行動の縁とするものの順序を一斎が教えているもの、と私は考えています。

※　P14の標題の次行の読み下し文末尾に記した（言二）ですが、「言」は『言志録』の略記であり、本箇条が『言志録』全二四六箇条の第二条であることを表します。以下同様であり、「後」は『言志後録』、「晩」は『言志晩録』、「耋」は『言志耋録』のそれぞれ略記です。目次の末尾参照。

（二）「発憤が出発点」

憤《ふん》の一字《いちじ》は、是《こ》れ進学《しんがく》の機関なり。舜何人《しゅんなんびと》ぞや、予《われ》何人ぞやとは、方《まさ》に是れ憤《ふん》なり。（言五）

> **発憤するという憤の一字は、学問を進めるための手段である。「舜も自分も同じ人間ではないか」（志さえあれば、自分だって舜のような人物になれる）と孔子の弟子の顔淵《がんえん》（顔回《がんかい》）が言ったのは、まさに憤ということである。**

一斎は儒学者であり、弟子に学問を教える立場であった状況下で書かれたものです。

自分だって、と発憤する気持ちが学問を進める力になる、と一斎が顔淵の言葉を引いて教えているものです。

これは、仕事にも言えることだと思います。立派な仕事をしたい、という気持ちを持つことが、仕事を先に進めることにつながるのではないでしょうか。

自分が何十年と続ける仕事だから、自分が選んだ道だから、かけがえのないものではないでしょうか。常にこれでよいかという問題意識を持ち続け、状態がよくなければ改善、改革する努力をし続けることでしょう。時代の変化に対応し、社会が求めるものに応えていくこと、このことが立派な仕事をするということではないか、と思います。

（三）「天役を果たす」

人は須《すべか》らく自《みずか》ら省察《せいさつ》すべし。天何《なん》の故にか我が身を生出《うみいだ》し、我《われ》をして果して何《なん》の用にか供《きょう》せしむる。我既《すで》に天の物《もの》なれば、必ず天の役《やく》あり。天の役共《きょう》せずんば、天の咎《とが》必ず至《いた》らむ。省察して此《ここ》に到《いた》れば、則ち我が身の苟《いやし》くも生《い》く可《べ》からざるを知る。（言一〇）

人は誰でも自分から反省し、考察してみるべきである。天は何故自分をこの世に生まれさせ、何の用を果させようとしているのか。自分は天の物だから、必ず天職というものがある。この天職を果さなければ、必ず天罰を受けることになると。
反省し、考察してくると、自分がうかうかと生きているだけではすまされないことを知るのである。

人は皆、自分の意思でこの世に生まれて来るのではなく、天のはからいによって生まれて来る、人は皆天物であるから、必ずや天によって与えられた

(3)「天役を果たす」

役割というものがある、そういう思想を述べているものだと思います。

そのことを、自分から気づき、社会で役割を果そうとする生き方は、尊いものです。そのように役割を果さなければ、天罰を受けかねない、とまで一斎は言っています。

幕末と言う時代背景があっての言葉でしょうが、現代にも通じる力強いメッセージだと思います。

（四）「志の有無」

志《こころざし》有《あ》るの士《し》は利《り》刃《じん》の如《ごと》し。百邪《ひゃくじゃ》辟易《へきえき》す。志《こころざし》無《な》きの人は鈍刀《どんとう》の如し。童蒙《どうもう》も侮翫《ぶかん》す。（言三三）

志の有る者は、鋭利な刃物のようで、いろんな魔物も退散して近づけない。志の無い者は、なまくらな刀のようで、子供までもが馬鹿にする。

一斎のこの教えのように、大志を抱き火の玉となって仕事をする、そんな人は周りも近づきがたい存在です。これに対し、何もしようとする意志が感じられない人は、尊敬に値しない存在です。

判断が慎重過ぎて、なかなか行動を起こせない場合があります。あれこれと比較検討し、決断ができなかったりします。こういう場合は、志の高さに問題があったりするように思います。それでは、何かを成し遂げることなどできやしない、と一斎の声が聞こえて来そうです。

(4)「志の有無」

勿論、激情にかられ、軽率に行動を起こす人も困りものです。冷徹で客観的な情勢分析があり、何が必要かを確と把握した上で、最善の行動をとることこそが、社会から求められるものではないでしょうか。この場合、志とは、社会において役割を果す上で必要不可欠なものではないでしょうか。

孟子は「志は気の師なり」と言っています。志を高く持てば、気力は自ずと湧いてくるもの、ということでしょう。人に恥じない仕事をする、それにはまず志を高く持つことだと思います。

（五）「欠点を減らす努力を」

能《よ》く人を容《い》るる者《もの》にして、而《しか》る後以《もっ》て人を責《せ》むべし。人も亦《また》其《そ》の責《せめ》を受く。人を容るること能《あた》わざる者は、人を責むること能わず。人も亦其の責《せめ》を受けず。（言三七）

人をよく受け容れる度量があって、はじめて人の欠点を責める資格がある。度量のある人から責められれば、人もその責めを受け容れることができる。
逆に、人を受け容れる度量のない人は、人の欠点を責める資格がない。
また、そういう人に責められても、人は受け容れることはできない。

人の欠点は目につくものです。気になり出すと夜も眠れない、ということさえあるかも知れません。

しかしながら、自分に欠点がないかと省みると、欠点は誰にでもあるものだと思います。欠点のない人などいないといった方が正しいのではないでしょうか。特に人を導く立場に立てば、導かれる人たちから、受け容れてもらえるようになるためには、自分の欠点を減らすよう努力することが大切だと思います。

一方、人に導かれて行動する人も、自分の欠点をよく理解し、それを減らす努力をすることではないでしょうか。

これらは、良好な人間関係を形成し、円滑に仕事や社会生活を、また家事や家庭生活を営むために重要なことではないでしょうか。

（六）「患難汝《なんじ》を玉にする」

凡《およ》そ遭《あ》う所の患難変故《かんなんへんこ》、屈辱讒謗《くつじょくざんぼう》、払逆《ふつぎゃく》の事《こと》は、皆天《てん》の吾才《わがさい》を老《ろう》せしむる所以《ゆえん》にて、砥礪切磋《しれいせっさ》の地《ち》に非《あら》ざるは莫《な》し。君子《くんし》は、当《まさ》に之《これ》に処《しょ》する所以《ゆえん》を慮《おもんぱか》るべし。徒《いたず》らに之を免《まぬか》れんと欲するは不可なり。（言五九）

我々が遭遇する苦労や変事、恥ずかしい思いやそしり、思い通りにならないことは、全て天が人を熟成させようとするもので、人間を磨くためのものでないものはない。だから君子は、こうした出来事に出遭ったなら、これにどう対処するか考えるべきである。むやみにこれから逃れようとすべきではない。

仕事や生活の上で、突然の異変や、思うにまかせないことに遭遇することがあります。こうした時の心構えを説いているものです。この場合、これらの苦労は天が我を成長させようとするものであって、そこから決して逃れようとしてはならない、と一斎が教えています。

「患難汝を玉にする」という西洋の諺があります。困難や苦労を乗り越えることによって人は成長するという教えであり、本条と類似の言葉だと思います。

過酷な状況を強いられたり、絶望的な状況に追い込まれたりすることだってあります。しかし、そこから逃げたらおしまいです。状況を打開する道、あるいは解決策は必ずあるものです。ポジティブな考えを貫き、粘り強く取り組むことだと思います。

自分がそのように考え、行動することで、周りの状況も変化し、いつしか出口は見えてくるのではないでしょうか。

（七）「欲を善処に用いる」

人《ひと》は欲《よく》無《な》きこと能《あた》わず。欲は能《よ》く悪を為す。天既《てんすで》に人に賦《ふ》するに、性《せい》の善《ぜん》なる者《もの》を以てして、而《しか》も又《また》必ず之を溷《みだ》すに欲の悪なる者を以てす。天《てん》何《なん》ぞ人をして初《はじめ》より欲無からしめざる。欲は果《はた》して何の用ぞや。余謂《い》う、欲は人身《じんしん》の生気《せいき》にして、膏脂精液《こうしせいえき》の蒸《じょう》するところなり。此れ有《あ》りて生き、此れ無《な》くして死す。人身《じんしん》の欲気《よくき》四暢《ちょう》し九竅毛孔《きゅうきょうもうこう》に由《よ》りて漏出《ろうしゅつ》す。因《よ》りて軀殻《くかく》をして其の願《ねがい》を熾《さかん》ならしむ。悪に流るる所以《ゆえん》なり。凡《およ》そ生物は、欲無きこと能《あた》わず。唯《た》だ聖人《せいじん》は、其の欲を善処《ぜんしょ》に用うるのみ。孟子《もうし》曰く、「欲《ほっ》す可き、之を善と謂《い》う」と。孔子《こうし》曰く、「心の欲《ほっ》する所《ところ》に従う」と。舜《しゅん》曰く、「予《われ》をして欲《ほっ》するに従《したが》い、以て治めしめよ」と。皆《みな》善処に就《つ》きて、之《これ》を言うなり。（言一一〇）

人は、欲がないというわけにはいかない。欲は、悪をなすことがある。天はすでに人に善なる本性を与え、そのうえこれを乱すものとして欲という悪を付け加えた。天は何故、最初から人に欲を与えずにおかなかったのか。欲は果して何のやくに立つのか。

私は思うに、欲は人間の生気であり、身体の脂や精液の蒸発するところである。この欲があって人間は生き、これが無くなれば死ぬのである。欲気が身体に広がり、体の穴や毛穴から漏出する。それにより身体をしてその願望を盛んにするのである。これが悪に流れる理由である。およそ生き物は欲がないわけにはいかない。ただ、聖人はその欲を善いことに用いるばかりである。

孟子は「思うままであること、これが善である」と言った。

孔子は「己の心の欲するままに従う」と言った。

舜は「自ら欲するところに従い、民を治めさせよ」と言った。

聖人は皆、欲を善処する前提で、こう言ったのである。


人間の本性として存在する欲を、聖人たちは善用することを説いた、と一斎が紹介しているものです。

講道館柔道の創始者で、私立の名門「灘中学校・高等学校」の設立にも関わった故嘉納治五郎氏は、同中学校・高等学校の校是として、「精力善用」「自他共栄」を掲げられています。氏によると、「何事をするにも、その目的を達するために精神の力と身体の力とを最も有効に働かす、ということ。・・・柔道の根本義は、精力の最善活用である。善を目的として、精力を最有効に働かせることである。・・・団体生活の存続発展を助くるものは善で、これを防ぐるものは悪である」と。

故嘉納治五郎氏のこの言葉は、柔道の根本義を社会生活の指導原理として説いたものですが、一斎の本条に通じるところがあると思います。

世界各地で起こる殺戮や破壊といった人間の悪の所業も、一斎の述べたこの「欲の善用」により解決につながらないものか、とつくづく思うところです。

佐藤一斎座像

岐阜県恵那市岩村町の岩村歴史資料館敷地手前に、平成14年10月26日佐藤一斎顕彰会が建立。日展作家石田昇氏作。台座には、第87～89代内閣総理大臣小泉純一郎氏の揮毫が施されている。

（八）「マイプラン」

士は当《まさ》に己《おのれ》に在る者を恃《たの》むべし。動天驚地極大《どうてんきょうちきょくだい》の事業も、亦都《またす》べて一己《いっこ》より締造《ていぞう》す。（言一一九）

> およそりっぱな男子は、自分の持てるものをたのむべきである。天を動かし、地を驚かすような大事業も、全て、己自身より造り出されるものである。

立派な男子に限らず、今日女子も同様です。己自身を頼みにすべきで、他者を拠り所とするな、との一斎の教えです。

我が国は、近代化の先に戦争を経験し、その後経済成長を遂げました。その中で、国が社会や地域の進むべき姿を示し、国民もそれに従いました。バブルが崩壊し、デフレを経験し、今や人口減少社会に突入した日本です。政府が社会の先行きを明確に示すことが、難しくなっています。分野ごとの方向性は示せたとしても、地域ごとの将来像として描くことはなかなか難しい状況ではないでしょうか。

自分の先行きは、諸般の事情を勘案し、自分が判断していかなければなりません。自分の強み、弱みを十分理解して、持続的なプランを立て、実行する勇気を持たなければなりません。

⑻「マイプラン」

男女共同参画社会と言われるようになりました。男性も女性も、「マイプラン」を立て、実行するには、結婚・出産の問題を克服していく必要があると思います。とりわけ異性の協力が必要ではないでしょうか。それを選択し、自分の人生を切り開いていくのは、やはり自分自身であると思います。

（九）「心を信ずる関係に」

信を人に取ること難《かた》きなり。人は口を信《しん》ぜずして躬《み》を信じ、躬を信ぜずして心を信ず。是《これ》を以《もっ》て難《かた》し。（言一四八）

信用を人から得ることは難しい。人はその言葉を信用しないで、その人の行動を信ずる。本当は行動を信ぜずに、その人の心を信ずるものである。心を人に示すことは難しいから、信頼を得ることは難しいことである。

人から信頼を得ることは、実に難しいことです。また、言葉より行動を見て、その人を信用するということがあります。

しかし、その場合でもよく考えてみると、行動そのものを信ずるのではなく、その人の行動の基となっている心のあり様を信じるということを一斎が述べています。

交渉事の場合、お互い相手との心理戦となります。交渉に臨むとき、まず相手を理解しようと努めます。そして、自分が交渉に臨むにあたっての基本方針を確認し、本番を迎えます。その場合、相手が一筋縄でいかないことが多いように思います。相手が自分の側になびいてくれることを期待し、様々な仕掛けや働きかけを行うことになります。交渉事は、自分が思い描くとおりになることは少なく、むしろ、交渉結果が互いに生産的な成果をもたらすかどうか、が重要ではないかと思います。

自分の心を相手に見せることはなかなかできないので、相手の信頼を得ることは容易ではありません。が、交渉事も誠意を尽くして行い、互いが譲り合いながら、「双方よし」という結果が得られるならば、それは成功ということではないでしょうか。

（一〇）「饒舌を慎む」

饒舌《じょうぜつ》の時《とき》、自《みずか》ら気《き》の暴《ぼう》するを覚《おぼ》ゆ。暴《ぼう》すれば斯《ここ》に餒《う》う。安《いず》くんぞ能《よ》く人を動《うご》かさんや。（言一八五）

> **べらべらとしゃべっている時は、自分でも気が乱れるのを感じる。気が乱れると、道理というものに飢えて来る。道理というものに飢えた状態で、人を動かすことができようか。**

おしゃべりは、何割かは遊びの要素があると思います。これに対し、相手を説得したり、人にものを教えたりするときは、多弁を慎むべきである、との一斎の教えです。

べらべらとしゃべっているときは、自分は得意満面であっても、話の中身によっては、あるいは中身が無い場合には、聞かされる方はいらいらするものです。しゃっべている自分でさえ、気の乱れを感じると一斎は述べています。

大義や道理を説く場合には、客観的な視点に立ち、冷静に判断する態度でないといけない、よくよく言葉を選び、相手に伝わるようにしないといけない、と思います。

「沈黙は金、雄弁は銀」と言います。時には発言を抑えて、相手の様子をじっくり観察することも必要でしょう。言い過ぎることが、ともすると相手を傷つけ、結果人との関係を結ぶことに失敗しかねません。もちろん、言い足りないのもいけません。伝えるべきことを、伝え損ね、後悔することがよくあります。またの機会に伝えれば済むこともありますが。

要は、言うべきことは言いそびれないようにしたいものです。同時に、言い過ぎることを慎むように心がけたいものです。

（一二）「人事と天命」

凡《およ》そ事《こと》を作《な》すには、当《まさ》に人を尽《つ》くして天に聴《まか》すべし。人有り、平生方懶《へいぜいほうらい》怠惰《たいだ》なり。輒《すなわ》ち人力をもて徒《いたず》らに労《ろう》すとも益《えき》無し、数《すう》は天来《てんらい》に諉《ゆだ》ぬと謂《い》わば則ち事《こと》必ず成《な》らず。蓋《けだ》し是《この》人、天之《これ》が魄《たましい》を奪いて然《しか》らしむ。畢竟亦数《ひっきょうまたすう》なり。人有り、平生敬慎勉力《へいぜいけいしんべんりょく》なり。乃《すなわ》ち人理《じんり》は尽《つ》くさざる可からず、数《すう》は天定《てんてい》に俟《ま》つと謂《い》わば則ち事《こと》必ず成る。蓋《けだ》し是《この》人、天之《てんこれ》が衷《ちゅう》を誘《みちび》きて然《しか》らしむ。畢竟亦数《ひっきょうまたすう》なり。又人を尽《つ》くして而《しか》も事《こと》成らざる有り。是《これ》理《り》成る可《べ》くして数《すう》未だ至らざる者なり。数《すう》至れば則ち成る。人を尽《つ》くさずして而《しか》も事《こと》偶《たまたま》成《な》るあり。是理《これり》成る可からずして、数已《すうすで》に至る者なり。終《つい》には亦《また》必ず敗《やぶ》るるを致《いた》さむ。之を要するに皆数《すう》なり。成敗《せいばい》の其の身に於てせずして其の子孫に於てする者有り。亦数《またすう》なり。（言二四五）

何か事を成すには、まさに人事を尽くして天に任せるべきである。平生横着で怠惰な者がいるとする。人が力を尽くして働いても無益である、運命は天に任せる、と言っているようでは、物事は必ず成就しない。思うにこの人は、天がその魂を奪い去ってそのようにしているのである。これもまた運命である。

平生慎み深く勤勉な人がいるとする。人が守るべき道理は必ず尽くさなければならない、しかし運命は天の定めに待つ、と言っているから、物事は必ず成就する。思うにこの人は、天がその人のまごころを誘導して、そのようにさせるのである。これもまた運命である。

また、人事を尽くしても、成就しない人がいる。これは、道理上成就するはずなのに、天運がまだ至らないものである。天運が来ると、即成就するものである。逆に、人事を尽くさないで、事が偶然に成就する者がある。これは、道理上は成就しないのだが、運命がすでにやって来たのであって、終には必ず失敗するであろう。

以上を要するに、皆運命である。成功・失敗がその人自身に現われないで、その子孫に現われることもある。これもまた運命である。


一斎は、道理を尽くしてそれが成就するかどうかについて、四つの人の類型を示しています。

「怠惰で横着な者で、運は天任せといった人は成功しない。勤勉で慎み深い者で、道理をつくすべきという人は成功する。人事を尽くしても成功しない者は、天運が到来すれば成功する。人事を尽くさないのに偶然成功する者は、運が到来したからだけで、ついには失敗する」と。

要するに、勤勉で慎み深く、道理に添って人事を尽くせば、人は成功するはずです。その場合、運命が作用し、その成功を引き延ばすことがある、というのです。運命は、人事を尽くさない者に悪さをし、偶然の成功と究極の失敗をもたらす、とも一斎は述べています。そして、成功・失敗が子孫に現われることもあるとし、運命には逆らえないことを教えています。

運命というものは避けられませんが、道理に従って人事を尽くすこと、これこそが大事なことであると教えられたように思います。

東京湯島にある楷樹

佐藤一斎は江戸時代、昌平坂学問所の儒官を務められたが、この昌平坂学問所跡に隣接して、現在の湯島聖堂が建てられている。（東京都千代田区湯島）　学問所跡地内に大正時代に植えられたという楷樹は、中国曲阜にある孔子廟の名木からのもの。岐阜県恵那市岩村町岩村歴史資料館敷地手前にも、平成4年この湯島からの苗木が移植された。

（一二）「彊めてやまず」

自彊不息《じきょうふそく》の時候《じこう》。新地光光明明《しんちこうこうめいめい》なり。何《なん》の妄念遊思有《もうねんゆうしあ》らん。何の嬰累罣《えいるいかい》想有《そうあ》らん。（後三）

> 自ら勉め、励んでいる時は、その心は光り輝き、明るい。そこには、何らつまらない考えとか遊ぼうとする気持ちはない。また、心にかかるわずらわしいことや、気にかかる悩みなどもない。

昼夜怠りなく天体が勉め運行しているのは、天の道である、同様に、自ら励み、怠らないのが君子の道である、と一斎は『言志後録』第二条で述べています。

また一斎は、同第一八条で、何かを達成しようとする志を持つことにより邪念が退散すると述べており、人が自ら励むとは、この志を持つことであると教えています。（第五章（八）「志は邪念を振り払う」）

わが母校県立岐阜高校の校歌に、「百折不撓　つとめて止まず」の一節があります。困難に何度となく遭遇しても、不屈不撓の精神で乗り切る、その努力は止むことがない、という意味だと思います。

目標に向かって日々努力する姿は美しく、まさに人が輝いている時だと思います。妄念からも邪心からも離れ、何かを為そうと一心不乱で取り組む姿勢を一斎は多とし、奨励しているのではないかと思います。

（一三）「言葉はいつも命がけで」

天地間《てんちかん》の霊妙《れいみょう》なるもの。人の言語に如《し》く者莫《ものな》し。禽獣《きんじゅう》の如きは徒《ただ》に声音《せいおん》有《あ》りて、僅《わずか》に意嚮《いこう》を通ずるのみ。唯《た》だ人は則《すなわ》ち言語有りて、分明《ぶんめい》に情意《じょうい》を宣達《せんたつ》す。又抒《の》べて以《もっ》て文辞《ぶんじ》と為さば、則ち以て之《これ》を遠方に伝え、後世に詔《つ》ぐ可《べ》し。一《いつ》に何ぞ霊なるや。惟《た》だ是《か》くの若《ごと》く之霊《これれい》なり。故に其の禍《か》階《かい》を構え、釁端《きんたん》を造《な》すも、亦《また》言語に在り。譬《たと》えば猶利剣《なおりけん》の善《よ》く身を護《まも》る者は、輒《すなわ》ち復《ま》た自《みずか》ら傷つくるがごとし。慎まざる可《べ》けんや。（後一〇）

天地の間で不思議なものは、人の言葉以上のものはない。鳥けものはただ声を発するだけで、やっと意思を通じあうのみである。人間だけは言葉があって、はっきりと自分の感情や意思を述べ、また言葉を文章とするならば、これを遠方に送ったり、後世の人に告げることができる。なんと不思議なことではないか。

ただ、このように不可思議であるから、禍の始まりを聞いたり、争いの端緒を作ったりするのも言葉である。例えば、よく切れる剣は身を護る

ものではあるが、容易に自分の身を傷つけるものであるようなもの。したがって、言葉は慎まざるをえない。

意思を伝えたいときは、言葉に表して、相手に伝わるように努力しなければなりません。一方、「口は禍の門」と言われます。伝えたい思いとは別に、不用意な言葉が誤解を招いたり、思わぬ結果をもたらすことだってあります。

人間のみに与えられた言葉ではありますが、その霊力たるや恐るべきものであり、人を傷つけたりもします。また、発した言葉だけだとその全体像が伝わらず、人の怒りを買うことさえあります。

従って、事を為そうとする場合には、発する言葉の選択は慎重にならざるをえない、従って言葉の扱いはいつも命がけだと思います。勿論、適切なる言葉は人を動かし、人間社会の進歩に資する力を持っているということも、忘れてはならないことと思います。

（一四）「過ちは不敬から」

過《か》は不敬《ふけい》に生ず。能《よ》く敬《けい》すれば則《すなわ》ち過《か》自《おのずか》ら寡《すくな》し。儻《も》し或《あるい》は過《あやま》たば則ち宜《よろ》しく速《すみや》に之《これ》を改《あらた》むべし。速に之を改むるも亦《また》敬《けい》なり。顔子《がんし》の過《か》を弐《ふたた》びせざる、子路《しろ》の過を聞くを喜ぶが如《ごと》きは、敬《けい》に非ざる莫《な》きなり。（後一七）

過ちは慎みのないところから生ずる。よく慎んでいれば、過ちは自ずから少なくなる。もし過ったならば、速やかにこれを改めるべきである。速やかに改めるというのもまた慎むことである。顔子（顔回）が同じ過ちを再びしなかったのも、子路が自分の過ちを注意してもらうのを喜んだのも、いずれも慎しむことである。

論語に「過ちては改むるに憚《はばか》ること勿れ」とあるように、過ちを犯したら、速やかに改めよと一斎が教えています。

また、一斎は「敬」ということを繰り返し述べており、自分に対して慎み深くあることを求めていています。慎み深い行動や生活をしていれば、過ちを犯すことを減らせると、孔子の弟子である顔回と子路の例を挙げて示していいます。

傲慢な性格、肩で風を切るような態度を慎まねばならないと思います。また、自分が何とかしなければ、という自己過信が過ちを犯しかねない、という戒めでもあると思います。

平時であれば、落ち着いて判断することが可能であるし、もし過つ恐れがあったとしても周囲が忠告できましょう。が、大変難しいことだとは思いますが、一朝有事の際、その判断というものは、とりわけ慎重でなければならないのではないでしょうか。

（一五）「一呼吸の間に」

克己《こっき》の工夫は、一呼吸の間《あいだ》にあり。（後三四）

克己の工夫は、「ここだ」という一呼吸の間にある。

自分の私欲に打ち克って、事を成すには、ほんの一瞬間の判断が大事です。「ここだ」という時には、深呼吸をして、その刹那に自分の心を決し、行動するのです。

進学、就職や結婚といった人生の節目に限らず、日々の仕事や生活の様々な場面で、誰でも迷ったり、躊躇したりすることがあります。

しかし、事を決断し、対処する必要がある時は、いよいよ覚悟を決め、腹を据えることです。

(15)「一呼吸の間に」

「ここだ」という一瞬に、雑念や私欲を捨てて行動する、その「一瞬」を積み重ねていくならば、いつか己に克つ人間になれるのではないでしょうか。

（一六）「寝食を慎む」

能《よ》く寝食を慎《つつし》むは、孝《こう》なり。（後九三）

毎日の睡眠や食事を慎んで、健康を保つことは、孝行である。

孔子曰く、「身体髪膚《はっぷ》これを父母に受く。敢えて毀傷《きしょう》せざるは孝の始めなり。身を立て道を行い、名を後世に揚げて、以て父母を顕《あら》わすは孝の終りなり」と。これを受けて、父母から賜った身体を傷付けることなく、健康保持に努めるのは親孝行というものだ、という一斎の教えです。

睡眠時間には個人差があり、また、若いうちは朝なかなか起きられなかったりしますが、年をとると朝目覚めが早くなるようです。医師によると、睡眠時間は六時間あればよい、とも聞きます。寝不足は体調を損なう原因となるので、睡眠を慎むとは、十分な睡眠を確保せよということかと思います。

食事に関しては、今や飽食の時代であり、生活習慣病として高脂血症や糖尿病などが問題となっています。飲み過ぎ、食べ過ぎが原因となり、また栄養のバランスに気をつけないと病気になります。食事を慎むとは、こうした過食を慎み、運動を励行し、健康保持に努めることを言うのではないでしょうか。

こうして健康を保持できてはじめて、人の役に立つこと、社会で役割を果たすことができるのであり、従って、寝食を慎むことは即ち孝行の道である、ということが言えるのだと思います。

（一七）「飽き足らない心」

君子は自《みずか》らを慊《けん》す。小人《しょうじん》は則《すなわ》ち自《みずか》ら欺《あざむ》く。君子は自ら彊《つと》む。小人は則ち自ら棄《す》つ。上達《じょうたつ》と下達《かたつ》とは、一つの自字《じじ》に落在《らくざい》す。（後九六）

> 立派な君子は、自分の行為に満足することはないが、つまらない小人は、自らを欺いて自分の行為に満足するものである。君子は自ら励んで向上しようとするが、小人はちょっとしたことで自暴自棄になる。向上するか堕落するかは、ただ自らの一字（彊と棄）の違いに落ち着くのである。

人が向上するか堕落するかの差は、自ら努めて止まないか自棄に陥るかの違いである、そしてその差は、自分の行動に満足してしまうかどうかである、と一斎が述べています。

自分の目指す所を高く掲げる人は、自ら行った結果になかなか満足しようとはしません。一方高みを目指そうとしない人は、自分の行った結果に納得してしまったりするものです。

自分の行った結果は、素直に受け止めねばなりませんし、それをことさら否定する必要もないと思います。が、それを受け止めた上で、「ちょっと待てよ、もう少しできるのではないか、本当にそれで十分だったのか」、と振り返ってみる必要があるのではないでしょうか。

自らの所業の結果に妥協せず、さらなる高みを目指す人がいます。例えば、野球の世界で長年にわたりヒットを量産し続ける大リーガー、料理の味を極めるために努力し続ける最上の料理人、また人の命を救うため医療技術を磨き続ける伝説の医師といった人々が思い浮かびます。こうした立派な人物に少しでも近づくべく、努力したいものだと思います。

（一八）「流れに棹さす」

寛懐《かんかい》にして俗情《ぞくじょう》に忤《さから》わざるは、和《わ》なり。立脚して俗情に墜《お》ちざるは、介《かい》なり。（後一一一）

ゆったりとくつろいだ心持ちで、俗世間の流れに逆らわないのが「和」である。また、自分の立場をしっかり守り、俗世間の流れに巻き込まれないのが「介」である。

夏目漱石の小説『草枕』に、「智に働けば角が立つ。情に棹させば流される。意地を通せば窮屈だ。兎角に人の世は住みにくい」とあり、人の世の不都合を託ったような内容となっています。

俗世間の流れに棹をさせば流されてしまうが、ゆったりと構えて、その流れにあえて逆らわない生き方が、一斎の言う「和」です。一方で、時には自分の信念を貫き、世間の流れに棹をさして生きるというのが「介」である、と一斎が述べています。

我々は社会の中で共同生活をしているのですから、例えばゴミ出しのルールを守ること、地域の重要なイベントに協力を惜しまないことなどは大事なことであると思います。一斎がここで述べたいのは、一方で社会の流れを善き方向に変えたいといった志を堅固に持ち、社会に働きかけることも大事なことだ、ということではないでしょうか。

ことさら流れに棹さす生き方はいかがなものかと思いますが、時には流れに棹さして、現状の打開を図る生き方に少なからず共鳴するところがあります。

（一九）「不苟《ふこう》と不愧《ふき》」

不苟《ふこう》の字《じ》、以て過《か》を寡《すくな》くす可《べ》し。不愧《ふき》の字、以て咎《きゅう》に遠《とおざ》かるべし。（後一二）

事をなすのに、おろそかにしないという「不苟」の字を以てすれば、失敗を少なくすることができる。良心に恥じないという「不愧」の字を以てすれば、咎めを受けることから遠ざかることができる。

日々の業務の管理、例えば金銭を出し入れする残高を日次でチェックする資金管理。日々収受する文書を、その日のうちに必ず受け付けるといった文書管理。いずれも基礎的な仕事であり、従事者もこれを管理する者も、これらを決しておろそかにしてはなりません。そういう基本的な仕事をおろそかにすると、顧客の信頼を損ねることになりかねないからです。

安全な建物を作る、また壊れない橋を架けるといったことは不可欠なことです。設計や施工にあたり、もし手を抜くことがあったら、危険きわまりません。飲食物の提供にあたり、今や美味しさを競う時代ですが、もし食中毒を出すようなことがあったら、世間から非難されてしまいます。

東海道新幹線は、戦後日本の復興のシンボルですが、半世紀の間、無事故の実績を積み重ねて来ました。日々の車輌の入念な点検、安全性確保のための技術開発や研究を、関係者が弛まず続けて来た成果とも言えましょう。

だれもが社会で役割を果たすことを願うのですが、人から咎められることのない立派な仕事をするには、まさに「不苟」、「不愧」といった気持ちで取り組むべきことを、一斎が教えているのだと思います。

（二〇）「一燈を頼りに歩め」

一燈《いっとう》を提《さ》げて暗夜《あんや》を行く。暗夜を憂《うれ》うる勿《なか》れ。只《ただ》一燈を頼《たの》め。（晩一三）

暗い夜道を行くとき、提灯をひとつ提げていけば、暗いことを心配することはない。ただ、そのひとつの提灯を頼みとしていけばよい。

人生行路がお先真っ暗ということもあるでしょう。さしあたって、当面の先行きが暗くて見えず、どうしたらよいかと立ち尽くすこともあるでしょう。こうした時に一筋の灯りがあれば、それを頼りにすればよい、というのです。灯りは己自身であり、他を頼りとせず、自力で自分を頼りに進め、という教えだと思います。

シンガーソングライターのアンジェラ・アキさんが作って歌う「手紙」という歌があります。歌の中で、悩み多き十五歳の僕が未来の自分に宛てた手紙に、未来の僕が十五歳の自分に返事を書いています。

自分とはどういう存在で、またどこへ向かうべきなのか。そのことを問い続ければ答えは自ずと見えてくると、まさに自問自答しているのだと思います。

負けそうになり、消えてしまいかけの自分は、誰の言葉を信じて行けばよいのか、との問いかけに対し、そんな時は自分の声を信じて歩けばいいのだ、と自分で答えているのではないでしょうか。

この歌の最後は、この手紙を読んでいる自分自身が、幸せである事を願っている、と結ばれています。自問自答の結果、自身はもはや立ち直っているのだと思います。

（二一）「三学戒」

少《しょう》にして学べば、則《すなわ》ち壮《そう》にして為《な》すことあり。
壮《そう》にして学べば、則ち老《お》いて衰《おとろ》へず。
老《お》いて学べば、則ち死《し》して朽《く》ちず。（晩六〇）

> 若い時に学んでおけば、壮年になって何事か為すことができる。壮年の時に学んでおけば、老年になっても精神力が衰えない。老年になって学べば、死んでも何かを残し、その名は朽ちることがない。

岐阜県恵那市は、平成二十三年に「三学のまち恵那」宣言を行い、一斎のこの三学の精神を理念として、「生涯学習都市」づくりを進めています。

若い時に志を立てて大いに学べば、社会に出て働く年になって、立派な仕事をすることができる、壮年になってなお学べば、老いて第一線を退いた後も、気力が衰えることがない、年老いてもなお学び続ければ、死んだ後に何かを残すことができる、ということを一斎が教えています。

高齢社会が急速に進む現在の日本にあって、お年寄りの介護や生きがい対策が喫緊の課題となっています。高齢者でも携帯電話やパソコン、テレビ・ビデオなどを難なく使いこなす方がいらっしゃいます。世の中の動きに敏感で、新しいものに挑戦する心があれば、決して朽ちることはありません。それどころか、学び続けることを活かしていけば、死んだ後も、残された人々に対し、何かを伝えることができるというものではないでしょうか。

一斎自身も、八十歳を超えて、亡くなる前まで『言志四録』を書き続け、百五十年近く経った現在にこれだけの至言を残しているのです。

（二二）「志を持続するとは」

志《こころざし》を持《じ》する工夫は太《はなは》だ難《かた》し。吾《われ》往往《おうおう》にして事《こと》の意に忤《さから》うに遭《あ》へば、輒《すなわ》ち暴怒《ぼうぬ》を免《まぬが》れず。是《これ》志を持する能《あた》わざるの病《やまい》なり。自《みずか》ら恥《は》じ自ら怯《おそ》る。書《しょ》して以て警《けい》と為《な》す。（耋二五）

志を持ち続ける工夫は大変難しい。自分は往々にして意に反することに出遭うと、荒々しく怒りの感情が抑えられなくなる。これは志を持続することのできない病である。自ら恥じ、自ら恐れ入る。ここにそのことを書いて、自らの戒めとする。

「怒りは敵である」、という言葉どおり、大事な場面で怒ってしまうと取り返しが付かないことがあります。特に、志にそぐわないことに直面し怒ってしまう、それは志を持続できない病である、と一斎が自戒の言葉として述べているものです。

自分もそうであり、思うようにならないことがあると自分を見失いそうになることがあります。

志を持続することは、やはり難しいことでしょう。また、志の内容も時の経過とともに変質していくものです。しかし、かくありたいという気持ちを一貫して持続させられたなら、より大きな事を成し遂げられるのかも知れません。

志の大きいか小さいかというよりは、いかに長く持続できるかを問わねばならないのではないか、ということかと思います。

（一三）「修養に必要なこと」

立志《りっし》は高明《こうめい》を要す。著力《ちゃくりょく》は切実《せつじつ》を要す。工夫《くふう》は精密を要す。期望は遠大《えんだい》を要す。（耋二六）

> 志を立てるには高い見識と知恵が必要であり、力を用いるには実際にぴったり当てはまることが必要であり、物事を工夫するには詳しくぬけめなく行う必要があり、目標として望むところは遠大でなければならない。

修養を行う上での要点を一斎が述べたものです。

まず志を立てること。これには見識が高いこと、そして社会を明るく照らす智慧をもって行う必要があるということです。次に実際に行うこと。この場合、実情に適切に当てはまるべく行わなければならないということです。

そして物事の工夫をすること。精緻に考え、漏れがないように行う必要があるということです。最後に、期待して望むこと。この場合目標はあくまで遠く、大きなものであることが必要であるということです。

以上の教えですが、特に目標を大きく立てること、これは常に意識しなければいけないと思います。現実に埋没してしまうと、状況を改善する力が損なわれてしまうからです。また、実際に当てはまるようにすること、これも常に考えないといけないと思います。現実を直視し、実情をよく把握して、それに当てはまるように物事を進めなければ、何事も成就しないからです。

（二四）「人生の苦を肥やしに」

困心衡慮《こんしんこうりょ》は、智慧《ちえ》を発揮す。暖飽安逸《だんぽうあんいつ》は思慮を埋没す。猶《な》お之《これ》苦種《くしゅ》は薬《くすり》を成し、甘品《かんぴん》は毒を成すがごとし。（耋三一）

心を苦しめ、思慮に悩むことがあってはじめて本当の智慧が働くようになり、暖かな着物を着て、不自由なく安楽な生活をしていては、考えて判断する力が埋もれてしまう。これは、苦いものが薬となり、甘いものが毒になるようなものである。

人生の苦は薬となり、人生の甘は毒となるという一斎の教えです。

仕事や生活の場で、理想と現実のギャップに悩んだり、現場の人々の要求と対策のギャップに苦しんだりすることがあります。また、科学技術の進歩とその代償に苛まれたりすることもあります。しかし、そういう苦しみの中から本当の知恵が生まれてくるのだ、と一斎が述べています。

(24)「人生の苦を肥やしに」

何不自由なく、冬であれば暖かい部屋に閉じこもって安楽に過ごしていると、思慮分別の力が衰えてしまうと一斎は警告しています。戸外に出て現場に触れ、汗をかかずして、何が必要かを判別することなどできないのではないでしょうか。

「苦しみ」は、「苦い」とも書きます。人生の苦を肥やしにして、積極的に生きて行きたいと思います。

（二五）「未然に防ぐもの」

善《よ》く身を養ふ者は、常に病《やまい》を病無きに治《おさ》む。善く心を養ふ者は、常に欲《よく》を欲無きに去《さ》る。（耋六一）

自分の身体をよく養う者は、常に病気でない時に養生して病気にならないようにしている。自分の精神をよく養う者は、常に私欲が出る前にこれを取り去ってしまう。

何事につけ、悪しき事は未然に防止することの大切さを述べているものです。

まずは病気。病気に罹ることを完全に防ぐことはできませんが、病気にならないようにすることはある程度可能だと思います。それは、日頃養生を怠らないことです。例えばインフルエンザが流行する時は、外から帰ったらうがいと手洗いを欠かさないことです。

そして、私欲。欲が全て悪いわけではなく、善処に用いる欲は重要ですが（参照：第一章（七）言一一〇条）、自分のことを何よりも先ず優先しようとするような我の強い欲などは、慎まないといけないのではないでしょうか。日頃修養を怠らないことが大事であり、そうすれば私欲が起こる前に、これを抑止することができる、との一斎の教えです。

なかなかできないことかも知れませんが、日頃から出来る限り身を慎み、社会で一定の役割を果していけるようにならないといけない、と思います。

（二六）「侮る気持ちを慎む」

騎《き》は登山に踣《たお》れずして、而《しか》も下阪《げはん》に蹶《つま》ずく。舟は逆浪《げきろう》に覆《くつがえ》らずして、而《しか》も順風に漂《ただよ》ふ。凡《およ》そ患《かん》は易心《いしん》に生ず。慎《つつし》まざる可《べ》からず。（耋一三一）

> 人が乗った馬は、山を登る時は倒れず、坂を下りる時につまずくものである。人の乗った舟は、激しい波にはひっくり返らず、かえって順風の時に漂流してしまうものである。災いというものは、侮る心に生ずるものである。慎まなければならない。

災いに巻き込まれないよう、心を引き締めることの必要性を説いたものです。

登山がブームですが、登山の道より下山の道が危ない、と一斎は言います。それは階段でも同じでしょう。登る時は、気を引き締めているものです。舟で岸へ渡る時のこと。波が荒い時の方が却って災難を免れると一斎は言います。それは、荒波に呑まれまいと気を引き締めているからでしょう。

特に自然に向かい合う時、危険があるほど人は注意を払いますが、危険がないと思った途端に災難に遭う恐れがあるというものでしょう。それは自然を侮る気持ちから生ずるものだ、と一斎が戒めています。

自然に限らず人間社会と向き合う時でも、慢心を慎んで心を引き締めて行かなければと思います。

第二章　リーダーとして人を導くには

（二）「人に示す気持ちを慎む」

凡《およ》そ事《こと》を作《な》すには、須《すべか》らく天に事《つか》ふるの心《こころ》有るを要《よう》すべし。人に示すの念《ねん》有ることを要せず。（言三）

仕事をするには、天に仕える心をもつことが必要である。人に認めてもらおうといったけちくさい了見など捨てて、天を相手にしてすることである。人に誇示するような気持ちがあってはいけない。

自分の力を発揮するため、自己アッピールをすることもある程度必要だと思いますが、真に実力が備わっていて、仕事に対して常に積極的に取り組むならば、その姿勢は自ずと人の目に留まるというものです。

仕事というものは社会的な活動であり、例えば顧客や納税者である市民に理解してもらうため、その取り組みの内容について上手にＰＲするといったことは重要なことです。が、自らの取り組みを得意になって人に押し付けたりするのはいかがなものか、といった教えでもあるように思います。

一方、一斎は『言志録』第二五条で、「名声を求めるのに欲があるのはよろしくない。しかし、名声を無理に避けようとするのもよろしくない。」(第五章(三)「名声との付き合い方」)と述べています。名声というものに対し人は謙虚でなければならず、ことさらこれを求めたり、必要以上にこれを遠ざけたりする必要はないのではないかとの教えだと思います。職業人としてプロであることの自負心は、誰もが持っているものでしょう。この思いは己が心に確と持ち、むしろ自身の内に閉じ込めておけばよいように思います。プライドがその人の行動から窺われるということはあると思いますが、それを人に見せつけるような態度ではうまくいかないのではないでしょうか。

明治維新の立役者であった西郷隆盛も、佐藤一斎の信奉者でした。その『西郷南洲遺訓』※に、「人を相手にせず、天を相手にせよ。天を相手にして己れを尽くして人を咎めず、我が誠の足らざるを尋ぬべし」とあります。人にはわからないことでも、神様はちゃんと御覧になっている、ということをここでは教えているのではないでしょうか。

※　西郷隆盛は、その流刑地である沖永良部島の牢獄の中で、この佐藤一斎の『言志四録』を日々傍に置きました。自分の心に訴える一〇一箇条をそこから書き抜き、西郷の死後明治二十一年になって、『南洲手抄言志録』が出版されています。

『西郷南洲遺訓』は、西郷隆盛の遺訓がまとめられ、明治二十三年に出版されたものです。

※　P72の標題の次行の読み下し文末尾に記した（言三）ですが、「言」は『言志録』の略記であり、本箇条が『言志録』全二四六箇条の第三条であることを表します。以下同様であり、「後」は『言志後録』、「晩」は『言志晩録』、「耋」は『言志耋録』のそれぞれ略記です。目次の末尾参照。

『言志四録』の言葉を刻んだ木板

岐阜県恵那市岩村町の城下町の店舗や住家の軒先には、佐藤一斎の『言志四録』の一箇条を刻んだ木板が多数掲出されている。この木板は、『言志晩録』221条を紹介するもの。

（二）「細部を大切にする」

真《しん》に大志《たいし》有る者《もの》は、克《よ》く小物《しょうぶつ》を勤《つと》め、真に遠慮《えんりょ》有る者《もの》は、細事《さいじ》を忽《ゆるがせ》にせず。（言二七）

> 真に大志のある者は、小さな事もおろそかにしないで勤め、真に遠くを慮《おもんぱか》る者は、細かなことをゆるがせにしない。

仕事を行う上で、小さな事、細かな事をどう扱うかという問題です。

志を遂げようとするには、単にその志を持続させるだけでなく、綿密な計画と関係者の連携・協力が不可欠です。計画は、幾つかの要素ごとに積み上げ、この時細部を疎かにしてはなりません。関係者との連携にも、相手に対する細やかな配慮が必要でしょう。

また、業務を管理する場合、顧客の信用を維持・確保することを意識しなければなりませんが、品質の管理や時間・資金の管理、そして人の管理が重要となります。これらは、小さなことの積み重ねから成り立つものであり、一つとして、一日として忽せにはできないものと思います。

「神は細部に宿る」とは、ドイツ出身の建築家の言葉ですが、「勝負の神様は細部に宿る」と言ってサッカーW杯の日本代表チームを率いた監督の言葉があります。「あの時もう少し足を伸ばしていたら、あの時タックルに行っていれば、失点はなかった」など、引いて守って勝つ極意として、細部を大切にすることを教えられています。

(三)「大幹部の任務」

社稷《しゃしょく》の臣《しん》の執《と》る所二つあり。曰《いわ》く鎮定《ちんてい》。曰く機《き》に応《おう》ずなり。(言五二)

> 国の安危に任ずる重臣の仕事は二つある。一つは外患をなくし、国内で反乱を起こさしめず、人民を安心させることである。もう一つは、臨機応変に物事に対処することである。

国に限らず、地方政府でも民間企業でも、その幹部の役職員が、心得るべきことを述べたものです。

対外的な危機に対処するとともに、国や地域の内乱を治め、人々が安心して暮らせるようにすること、つまり内憂外患を除く大仕事が、組織の大幹部の大仕事の一である。次に、たとえ想定もしないような事態に遭遇しても、これを臨機応変に解決すること、が大仕事の二であると一斎が述べています。

二十一世紀の現在において、大地震、津波、大洪水、火山の噴火といった自然災害や、鳥インフルエンザなどの家畜伝染病が身近な所で多発しています。こうした危機管理に対処することが、行政の大きな使命となっています。民間企業でも、例えば市場に提供している食品に異物が混入したとすれば、食品会社は商品を撤去するなど迅速な対応が迫られます。こうした事故や災害のリスクをコスト計算して、企業の存続を考えていかなければならないと思いますし、大地震等に備え、機能を分散させる必要もあるのではないでしょうか。

組織の大幹部の力量が、まさに試される時代といえるのだと思います。

（四）「忠告する者もされる者も」

諫《いさめ》を聞く者《もの》は、固《もと》より須《すべか》らく虚懐《きょかい》なるべし。諫を進むる者《もの》も亦《また》須《すべか》らく虚懐なるべし。（言七一）

忠告を聞く者は、もちろんわだかまりのない心で聞かなければならない。また、忠告をする者も、少しもわだかまりがあってはならない。

人から諫められる時には、虚心坦懐に、わだかまりのない心でその言を聞き入れないといけないと一斎が教えています。それは、心にわだかまりがあると、自分のために忠告してくれているのを素直に聞くことができなくなるからだと思います。

また、人を諫める時にも、虚心坦懐に、わだかまりのない心で忠告の言葉を発しないといけない、と一斎が述べています。それは、忠告する者の心にわだかまりがあると、言う前からそんなことを言っても無駄かなどと考えてしまい、せっかくの忠告も相手のためにならずに終わってしまう恐れがあるからだと思います。

人を戒めたり、諫めたりするということは、相手のことを考え、また周りの人たちのことも考え、その相手が望ましい姿に変ずることを期待して行うものです。従って、個人的な感情は捨て、状況を客観視してその人に対することが必要ではないでしょうか。そうしてはじめて、人は聞く耳を持つようになる、と一斎が教えているのだと思います。

（五）「人の上に立つ者は」

聡明《そうめい》にして重厚《じゅうこう》、威厳《いげん》にして謙沖《けんちゅう》。人の上《かみ》なる者は、当《まさ》に此《かく》の如《ごと》くたるべし。（言七九）

頭がよく道理に通じており、どっしりとしていて穏やかであり、威厳があって、しかも、へりくだっていてわだかまりがない。上に立つものは、まさにそのようであるべきだ。

人の上に立つ者のあるべき姿を一斎が示しています。

世の中の道理に通じており、賢明でなければならない。そして、態度は軽々しいところがなく、また、せっかちでなく穏やかであることが必要と。さらに、威厳があって、人々を惹きつける風貌であるが、決して威張って、人を見下すことはない。謙遜していて心をむなしくしている、この点が人の上に立つ者にとって何よりも大事であるように思います。

長らく努力して、人の上に立てた人であっても、不遜な態度であったり、どこか自己中心的な人は、人々から受け入れられることはないのではないでしょうか。

そう考えると、歴史上の人物でもリーダーとしてふさわしかった人、そうでなかった人などが見えてくるようにも思いますが、いかがでしょうか。

（六）「着眼を高く」

着眼《ちゃくがん》高かれば、則ち理《り》を見て岐《き》せず。（言八八）

大所高所からものを見るならば、道理が見えてきて、迷わず決断ができる。

事を成す上で、判断に迷うことはあるものです。しかし、リーダーが迷いに迷って決断できないようでは、組織や従う人々を正しく導くことはできません。

そのために、着眼を高くしよう、と一斎は教えています。時には、その事にまつわる歴史を見つめ、過去の類似例などからその処理方法を判断することもできましょう。また、類似例がなくとも、その解決のためのヒントを、他の分野や他の国・地域の例から見出し、それを参考に判断することもできるのではないでしょうか。

国際化、情報化、少子高齢化、技術革新などの波が進む中で、現代を生きる私たちは、日々ふりかかる課題に的確に対処していかなければならないと思います。広い視野でものを見て考え、勇気をもって決断するようにすれば、解決に至ることができる、と一斎が教えているのだと思います。

（七）「究極の判断で進めばよし」

已《や》む可《べ》からざるの勢《いきお》いに動かば、則ち動いて括《くく》られず。枉《ま》ぐ可《べ》からざるの途《みち》を履《ふ》まば、則ち履んで危《あや》うからず。（言一一二五）

十分に考えて、最善の選択だと決断し、やむにやまれぬ勢いで行動すれば、行き詰ることはない。
曲げることのできない道、即ち正道を歩む時は、決して危険なことはない。

事に行き詰りかけた時であっても、熟考し、これがベストの選択だと決めたならば、そのまま実行して行き詰ることがないということでしょうか。

誤りは誤りとし、憚ることなくこれを是正する。あるいは、事を処理する現在の判断として、応急の措置を施す。こういった処置や、判断は、よくよく考えて決断したならば、ぶれることはないということでしょうか。

王道を歩む、という決断があると思います。姑息な手段に出たり、馬脚を現わさないよう表面を糊塗することはしない。人類がその叡智で積み上げてきたとも言うべき正しい道は、何人たりともこれを否定したり、非難したりできるものではないと思います。王道を突き進む時は、危ういことなどなく、事が成就に向かうというものではないでしょうか。

こうした事に処する際の究極の判断というものを、一斎が教えているのではないかと思います。

（八）「立志の堅固を問う」

人を教《おし》うる者、要《よう》は須《すべから》く其の志《こころざし》を責《せ》むべし。聒聒《かつかつ》として口に騰《のぼ》すとも、益無《えきな》きことなり。（言一八四）

人を教える者にとって大事なことは、立志の堅固かどうかを責めるべきことである。その他のことを口やかましく言っても、何の益もないことである。

一斎の活動した江戸時代、幕末にあっては、志の高さを問うことが武士を中心に常態化していたのでしょうか。それから百五十年ほど経た現代社会では、果たしてどうでしょうか。

当時とは我が国外交・防衛の置かれた状況や、政治体制の違いはありますが、市民が国家や地域社会の将来を憂い、今何を為すべきかを考える必要性は、衰えるどころかむしろ高まっているのではないでしょうか。日本は、今や人口減少社会に突入し、経済成長率をプラスにすることのなかなか難しい中で、国や地域社会を維持・存続させていかなければなりません。

人を教える場合に、立志の堅固さをのみ問うべきであると一斎は言います。人の所業の善し悪しや、方法論の良否を問うてみても、志がしっかりしていなければしかたがないことだ、と述べています。

特に仕事の現場では、目的意識を高く持つことが肝要ではないでしょうか。所与の仕事を粛々とこなすことも必要ですが、その仕事に関し社会から何が求められているのか、また、今の取り組みに改善の余地はないのか、などを常に問い続けることがさらに重要であると思います。

（九）「人が従う言葉とは」

理到《りいた》るの言《げん》は、人服《ふく》せざるを得《え》ず。然《しか》れども其の言激《げき》する所《ところ》有らば則ち服せず。強《し》ふる所有らば則ち服せず。挟《さしはさ》む所有らば則ち服せず。便《べん》ずる所有らば則ち服せず。凡《およ》そ理《り》到《いた》って人服せざれば、君子《くんし》必ず自《みずか》ら反《かえ》りみる。我《われ》先《ま》ず服して、而《しか》る後人之《これ》に服す。（言一九三）

道理を極めた言葉には、人は服従せざるを得ない。しかし、その言葉が激しいところがあると、聞く人は服従しない。無理に押し付けるところがあると、聞く人は服従しない。私心を挟むところがあると、聞く人は服従しない。便利をはかろうとするところがあると、聞く人は服従しない。

およそ、道理が極まっているのに人が服従しない場合には、君子は自ら反省するものである。まず自分が服従して、しかる後に人はこれに服従するものである。

人が、相手の言葉に従うかどうかについて説いています。道理だとわかっていても、言葉が激しかったり、押し付ける気持ちがある場合、また、言葉に私心があったり、自分の都合を優先しているような場合には、相手は従わない、と一斎が述べています。

人を説得して、ある方向に仕向けようとする場合、よくよく考えないといけないのではないでしょうか。それは、人には感情があるからです。

また、人が服従しない時に、君子は反省すると一斎は述べています。その道理を改めて点検し、自ら服従できる気持ちを高めないと、相手を服従させることは難しい、ということかと思います。

要は、道理を説こうとする場合、まずその道理の内容を尽くすこと、その上で、相手の感情を考慮し、私心を捨てて穏やかに伝えることが肝要であるということではないでしょうか。

（一〇）「背かれても背くなかれ」

「寧《むし》ろ人の我《われ》に負《そむ》くとも、我は人に負く毋《なか》らん」とは、固《まこと》に確言《かくげん》となす。余《よ》も亦《また》謂《い》う。「人の我《われ》に負く時、我は当《まさ》に吾《われ》の負くを致《いた》す所以《ゆえん》を思《おも》ひて以《もっ》て自ら反《かえり》み、且《か》つ以て切磋《せっさ》、砥礪《しれい》の地と為すべし」と。我に於て多少《たしょう》益有り。烏《いず》くんぞ之《これ》を仇視《きゅうし》すべけんや。（後一一）

「たとえ人が自分に背くとも、自分は人に背くことはしまい」というのは、誠に確かな言葉である。

自分もまた言う、「人が自分に背くことがあったら、自分が背かれるに至った理由を考えて自ら反省し、それをもって、自分の学徳を磨く土台とすべきである」と。

そうすれば、自分には大いに益がある。どうしてこれを敵視することがあろうか。

人に対し何かをやってあげたとしても、結果として報われない、あるいは裏切られることは時々あります。そんな時は、腐ることなく、何か反省すべきことはなかったか、何か足りないことはなかったかと考えよ、との教えであると思います。

そのように反省すると、こうすればよかった、ということが見い出せることもあり、自らの判断や行動を改善するきっかけともなる、と一斎が述べているのではないでしょうか。

もし人に背かれたからといって、今度は自分からその人を裏切るようなことがあったなら、その人と自分の関係は完全に途切れてしまう、その損失を考えるべきでしょう。

人の上に立って人を導く立場にある者は、よくそのことを考えてみる必要があるのではないでしょうか。

（二二）「褒めれば部下は伸びる」

小吏《しょうり》有り。苟《いやしく》も能《よ》く心を職掌《しょくしょう》に尽くさば、長官《ちょうかん》たる者、宜《よろ》しく勧奨《かんしょう》して之を誘掖《ゆうえき》すべし。時に不当の見有《けんあり》と雖《いえど》も、而《しか》れども亦宜《またよろ》しく姑《しばら》く之を容《い》れて、徐徐《じょじょ》に諭説《ゆせつ》すべし。決して之を抑遏《よくあつ》す可《べ》からず。抑遏せば即《すなわ》ち意阻《はば》み気撓《きたゆ》みて、後来遂《こうらいつい》に其の心を尽くさじ。（後一一三）

下役の役人が、一所懸命自分の職務を尽くすならば、上役は、よく励まして、褒め、指導するのがよい。時には理不尽な見解があっても、まずはしばらくこれを受け容れて、徐々に諭すのがよい。決して頭ごなしに抑えつけてはならない。抑えつければ、意気が欠け、たるんで、その先真心を尽くさなくなるからだ。

部下を褒めたり、叱ったりする上司の心得を教えているものです。

一所懸命やっている部下としては、それを褒められれば嬉しいものです。逆に、部下の言っていることが理に合わないことがある場合、どうするかです。頭ごなしにそれは駄目と決めつけず、まずはよく聞いて、徐々にその間違いを教え諭すのがよいというのです。

難しい指導ではありますが、間違いは間違いとして教える必要があると思います。

しかし、その教え方たるや、頭から抑えつけると、部下は真心を失ってしまう、ということを一斎が戒めています。

（一二）「人には春風、己には秋霜」

春風《しゅんぷう》を以て人に接す。秋霜《しゅうそう》を以て自《みずか》ら粛《つつし》む。（後三三）

> 人に応接する時は、春風のようななごやかさで行い、一方自らを律するには秋の霜のような鋭さで行わないといけない。

リーダーたる者は己に厳しく、人にやさしくなければならない、という教えです。

社会生活において、あるいは職場などにおいて、人の上に立つ者は、その相手に対し親切でなければいけないということでしょうか。その分自分に厳しくないと、それは実行できません。家庭においても、夫婦間においても同様でしょう。家の中では、つい甘えが出てしまいがちではありますが。

これが逆転してしまう例を時々見かけます。自分もこれが逆転しないように、常に慎まないといけないと思います。

恵那市の可知義明元市長※は、この言葉を名刺に刷り込まれていました。可知義明氏は佐藤一斎の信奉者であり、その教えの実践者でもあります。その言動は、まさに「人には春風、己には秋霜」の感があります。

※　可知義明氏　平成十六年十一月～平成二十八年十一月、岐阜県恵那市長を三期務められた。

（一三）「怨みには公平無私で」

「直《ちょく》を以て怨《うらみ》に報《むく》ゆ」とは、善《よ》く看《み》るを要す。只《た》だ是《これ》直を以て之《これ》に待《ま》つ。相讎《そうきゅう》せざるのみ。（後四二）

論語の「公平無私をもって、怨みに報いる」という言葉は、よく吟味する必要がある。ただこれは、公平無私をもって怨みに当たるのであって、怨みに対して怨みをもって報いるように、互いに敵対しないだけのことである。

二〇一五年一月に、フランスのパリでイスラムの風刺画を掲載した週刊紙社がイスラム過激派に襲撃され、同関係者や警察官など多数の死者が出ました。各国の首脳を含め百六十万人もの抗議デモがパリで行われた後、同週刊紙が事件後の最新号でイスラム預言者の風刺画を掲載し、再びテロや、デモによる衝突の危険性を惹起していました。

この週刊紙のイスラムを風刺する再掲載が、「怨みに対して怨みをもって報いる」ことになりはしないかと懸念していました。フランス革命により獲得した表現の自由という権利を重視することは大切なことではありますが、イスラム教徒の人たちは、預言者ムハンマドを描くことは信仰への冒とくと、これに強く反発していたからでした。

孔子が言っているのは、怨みに対しては公平無私で報いるということです。様々な人に対し公平に接することや、私怨を持ち込まないことを求めています。

また、孔子は「己の欲せざる所、人に施す勿れ」と述べ、「恕」(思いやり)こそが人生で一番大切なこと、と教えています。

（一四）「守りを基本に闘う」

攻《せ》むる者は余《あま》り有りて、守る者は足《た》らず。兵法或《あるい》は其《そ》れ然《しか》らむ。余《よ》則《すなわ》ち謂《い》ふ、「守る者は余り有りて、攻むる者は足らず」と。攻めざるを以《もっ》て之《これ》を攻むるは、攻むるの上《じょう》なり。（後一九五）

> 攻める者には余力があり、守る者には力が足りない。これは兵法ではそうだろう。しかし自分は「守る者は余力があり、攻める者にはかえって力が足りない」と言いたい。攻めないことを基本に攻めるのは、攻めるだけよりも上策と考える。

兵法では、勝つためには攻めることが、守ることより大事と教えています。私もそう思ってきました。しかし、一斎は、守ることが攻めることの上策と述べています。

サッカーワールドカップに日本が出場するようになって、久しくなります。

（14）「守りを基本に闘う」

サッカーで試合に勝つための策として、引いて守り、カウンターで得点するという戦術があります。このスタイルで予選を勝ち抜き、決勝に進出するチームがあります。

今日、資源には限りがあります。人口が減少する中にあっては、エネルギーのロスを最小限に止め、ここぞという時に力を発揮して事をものにする、という「守り」を中心とする姿勢が大切なのかもしれません。

（一五）「惑わず、憂えず、恐れず」

人主《じんしゅ》の学《がく》、智《ち》仁勇《じんゆう》の三字に在り。能《よ》く之《これ》を自得《じとく》せば、特《ひと》り終身受用《じゅよう》して尽きざるのみならず、而《しか》も掀天掲地《きんてんけっち》の事業、憲《のり》を後昆《こうこん》に垂《た》る可《べ》き者も、亦《また》断《だん》じて此《これ》を出《い》でじ。（後一九八）

長たるものが学ぶべきことは、智仁勇の三字にある。「智者は惑わず、仁者は憂えず、勇者は恐れず」よくこの三字を心得たなら、一生涯この三徳を受け用いて尽きないばかりか、驚天動地の大事業を成し遂げ、その手本を後世に残すことができるのも、またこの三徳を実行に移すほかはない。

智者は、物事の本質を見抜いていて、物事に処するにどうしたらよいかと迷うことがない。仁者は、世の中の苦難に遭遇しても、冷静に受け止め、周りの者に不安を与えるようなことはしない。勇者は、行動を起こすに際し、降りかかる困難をものともせず、これを乗り越えて行く。これができれば、人も驚く大事業を成就でき、後世に範を残し、示すことができるものと一斎が教えています。

第八十七～八十九代内閣総理大臣小泉純一郎氏は、「恐れず、ひるまず、とらわれず」のフレーズで、我が国の構造改革を断行されました。

難しいですが大切なことは、右肩下がりの日本の経済社会にあって、先々のことを悲観せず、ネガティブな感情を抑え、明るくポジティブに生きる姿勢だと思います。

何が必要かを客観的に考え、これと決めたら迷うことなく、多少の障害は乗り越えていくことではないでしょうか。

（一六）「己を知れば」

彼《かれ》を知り己《おのれ》を知らば、百戦百勝す。彼を知るは、難《かた》きに似て易《やす》く、己を知るは、易きに似《に》て難し。（晩一〇三）

孫子曰く、「敵を知り、味方をよく知れば、百戦百勝す」と。敵を知ることは、難しそうで易しいが、味方の情勢を知ることは、容易なようで難しい。

社会で事を成すには、あたかも戦いに臨むときのような心構えが必要ということでしょうか。まずは自分を、また、自分の率いる組織を客観的に見つめられるかどうかが重要、ということかと思います。

自分の判断は正しいと思っていても結果が出ないことがありますが、そういう場合は、自分に対して甘く、自己を客観視できていないことが原因だったりするように思います。

組織でも同じではないでしょうか。部下に任せきりで、部下の状況を把握することを怠り、世間から批判を浴びるような事態に到った例を見ることがあります。こういう場合、自分の足元では問題は起きないだろう、いや起きて欲しくない、と思っていると、それが裏切られる結果となったりします。

自分の所業について、これでよかったのか、と常に振り返る姿勢を持ちたいものです。組織を預かる場合は、プロジェクトや業務の進捗管理を怠らないことだと思います。人はミスや過ちを犯しうるものと考え、日次、月次の業務管理をしっかり行うなど、組織のマネジメントに工夫と努力が必要だと思います。

（一七）「人を玩《もてあそ》べば徳を失う」

愛敬《あいけい》の二字は、交際の要道《ようどう》なり。傲視《ごうし》して以《もっ》て物を凌《しの》ぐこと勿《なか》れ。侮咲《ぶしょう》して以て人を調《ちょう》すること勿れ。旅獒《りょごう》に、「人を玩《もてあそ》べば徳を喪《うしな》う」とは、真に是明戒《これめいかい》なり。（晩一九八）

愛と敬の二文字は、人との交際上の大切な道である。傲慢な態度で、物事を見下してはならない。侮り笑うような態度で人をからかってはならない。「書経」の旅獒《りょごう》篇に、「人を侮りからかえば、自分の徳を失うことになる」とあるが、本当に立派な戒めである。

集団において、そのメンバーをからかったり、侮ったりする人がいるのを見かけることがあります。外見や所業が普通の人と少し違うことなどが気になって、そのメンバーを誰か一人がからかうと、それに追随する者がいたりします。からかう側のその態度は傲慢で、相手を見下すようなところがあったりします。からかわれる側は普段のことを一所懸命やっていても、少し劣ったところがあったりすると、そこに付け込まれたりします。

これらはまさにいじめの構図であり、社会集団の営みにおいて、時々起きる現象です。

一斎は、そのいじめる側の人間の心を戒めているのだと思います。気に入らないメンバーがいたり、自分の信条に合わない人がいたりする場合、それをことさら叩くとかえって自分の徳を失うことになる、と警告しています。

もし、集団にふさわしくない人がいる場合などは、その所業をそっと戒めるに止める、そういう態度が肝要ではないでしょうか。

（一八）「恵那雑巾」

石重《いしおも》し。故《ゆえ》に動《うご》かず。
根深《ねふか》し。故に抜《ぬ》けず。
人は当《まさ》に自重《じちょう》を知るべし。（晩二二二）

重くどっしりした石は、びくとも動かない。深く根を張った大木は、大地から抜けることがない。人も、日頃から言動を慎んで、品格を保つよう心がければ、他によって軽々しく動かされることがない。

何事も不屈の志をもって自重しながら取り組むことが大事、との一斎の教えではないでしょうか。

一斎の出身地である岐阜県恵那地域の住民は、いつごろからか「恵那雑巾」と呼ばれるようになりました。純朴で愚直な気質は、恵那地域の風土から来るものと、この地域の人々の、どちらかといえばネガティブな評価を表す言葉として使われてきました。

しかしながら、雑巾がけは物事の基本であり、「恵那雑巾」とは、基礎がしっかりできている人、また、いやなことでも一所懸命取り組む人、とこれをポジティブな評価を表す言葉に転換したいと思います。可知義明元恵那市長※は、平成二十六年四月に地元ホテルで開催された新卒者激励会で、社会に出たばかりの恵那市内の若い人達に、この一斎の言葉を紹介しながら、「恵那雑巾になって欲しい！」と激励されていました。

重い石や根の深い大木のように、他人に軽々しく動かされることなく、基本をどっしりと積み上げるよう努力したいものです。

※　第二章（一二）「人には春風、己には秋霜」参照

（一九）「責むるは八分まで」

人の過失《かしつ》を責《せ》むるには、十分《ぶ》を要せず。宜《よろ》しく二三分《ぶ》を余《あま》し、渠《か》れをして自棄《じき》に甘んぜず、以《もっ》て自《みずか》ら新《あらた》にせんことを覓《もと》め使《し》むべくして可《か》なり。（晩二三三）

> **人の過失を責める場合には、十割責めるのはよくない。二三割は残し、その人が自棄を起こさずに、自ら改心するようにしてやればよい。**

故意ではなく、過失の人を諭す心得を説いているものです。人は誰でもミスを犯しうるもの、と思います。そんな相手を責め過ぎてはいけない、責め立てるのを少し緩め、本人の改心を促すようにするのがよい、と一斎が教えています。

過ちを責め立てる時、感情的になったり、ひどい時は我を忘れるほどというこ とはないでしょうか。それでは相手は委縮するばかりでしょう。今日パワーハラスメントが問題となっていますが、まさにその状態だと思います。

かつて私は上司から叱られるのに、第三者がいない別室で直に叱られたことがあります。人が見ている所で叱られるのは、やはり傷付くもので、辛いものがあります。

過ちを責め、よき結果を得ようとするなら、相手を立ち直らせる配慮があるとよい、と一斎は説いています。もっとも、人の過失を責めるという思いを否定するわけにはいきません。そこは、多くとも七八割までに止めよ、ということではないでしょうか。

（二〇）「適材適所」

人才《じんさい》には小大《しょうだい》有り。敏鈍《びんどん》有り。敏大《びんだい》は固《もと》より用《もち》う可《べ》きなり。但《た》だ日間《にっかん》の瑣事《さじ》は、小鈍《しょうどん》の者却《かえ》って能《よ》く用を成す。敏大の如きは、則《すなわ》ち常故《じょうこ》を軽蔑《けいべつ》す。是《これ》知る、人才各用処《おおおのようしょ》有りて、概棄《がいき》すべきに非《あら》ざるを。（晩二五一）

人の才能には小あり大あり、敏捷な人がいれば鈍重な人もいる。敏捷で大きな才能がある人は、もとより用いることができる。ただし、日常の些細なことは、鈍重で小才の者の方がかえってよく役に立つものである。才能の敏大な者は、日常のことは軽蔑してしまうところがあるからである。こうしてみると、人の才能には用いるところがそれぞれあって、一概に棄ててしまうべきではない。

人を用いる時の適材適所の重要性について述べているものです。

才気煥発で、大きなことができる人がいますが、こういう人は社会のために大いに才能を発揮してもらうとよいと思います。

一方、何かにつけ敏捷ではなく、才能も多大とは言えない人が、かえって日常の細々したことはよくできるということがある、と一斎が指摘していのである。また、才能が有り、大きな仕事に向いた人は、日常のことに目が向かないものである、とも述べています。

こうして見て来ると、人の才能にはそれぞれ使い所があっていずれも捨てがたい、つまり人は「適材適所」で使うことが重要である、ということを教えているのだと思います。

（二二）「忠と恕」

忠《ちゅう》の字《じ》は宜《よろ》しく己《おのれ》に責《せ》むべし。諸《これ》を人に責《せ》むる勿《なか》れ。恕《じょ》の字《じ》は宜しく人に施《ほどこ》すべし。諸《これ》を己《おのれ》に施す勿れ。（耋一八七）

> 忠の字は誠という意味で、誠を尽くしているかと自分自身を責めるのはよい。しかし、これによって他人を責めてはいけない。恕の字は思いやりという意味で、これは他人に施すべきである。自分自身に思いやりをかけるものではない。

「忠」と「恕」という二つの言葉について、説いているものです。

「忠」という言葉は、真心をもって、誠をもって他人に尽くすということですが、この忠の態度を自分自身に求め、自分が誠を尽くしているかを常に問うことは大事なこと、と一斎が述べています。

一方、「恕」という言葉は、他人を思いやる心ですが、これは他人に対して施すべきものであって、自分に施すものではない、つまり、自分自身を思いやるということではない、と一斎は述べています。

一九九六年アトランタ五輪の銀メダリストが言った「自分で自分をほめたい」という有名な言葉があります。力を出し切って頑張った時など、自分にご褒美をと、お金を使う人をこの頃よく目にします。今日、己（おのれ）というものに対する日本人の感性が幕末の頃の状況と大きく変質しているのではないか、と考えられます。

第三章　円滑に立派な仕事を行うには

（一）「計画と実行」

事《こと》を慮《おもんぱか》るは周詳《しゅうしょう》なることを欲《ほっ》し、事を処《しょ》するは易簡《いかん》なることを欲す。（言二六）

> 物事を考えるには、周到で詳細に行うことが必要である。考えがまとまり、実行するには、容易で簡単に行う必要がある。

計画は綿密に立て、実行はテキパキと行うことを説いているものです。

例えばイベントを計画する時はどうでしょう。行事の進行を順序立てて計画します。色んな懸念が生じ、その一つ一つにどう対処するかを予め計画します。ここで、あれこれと悩むことはよくありません。その場になればなんとかなると高をくくって、手を抜いてはいけません。想定外の事が起きれば誰が対応するか、といったことも視野に入れて、人の配置を考えることが必要でしょう。

そして、いざ本番となればその計画に従って、さっさと片付けていくのです。計画がしっかり練られていれば、迷いがありません。不測の事態への対処も考えてあれば、戸惑うことなく処理できます。

そのような対処のあり様を、一斎が教えているものだと思います。

※　P118の標題の次行の読み下し文末尾に記した（言二六）ですが、「言」は『言志録』の略記であり、本箇条が『言志録』全二四六箇条の第二六条であることを表します。以下同様であり、「後」は『言志後録』、「晩」は『言志晩録』、「耋」は『言志耋録』のそれぞれ略記です。目次の末尾参照。

（二）「他人の意見を聴く」

人の言は、須《すべから》く容《い》れて之《これ》を択《えら》ぶべし。拒《こば》む可《べ》からず。又惑《まど》う可からず。（言三六）

他人の言うことは、当然聞き入れた上でその良し悪しを判断すべきである。始めから拒んではいけない。また、他人の言うことに惑ってはいけない。

部下と仕事を進める時、上司はどうしたらよいでしょうか。部下からの報告や相談、あるいは進言があった場合、どう対処したらよいでしょうか。やはり部下の言うことは、よく聞かなければならないと思います。

報告内容が拙かったり、相談の論点が整理されていなかったりすることがあります。部下も部下なりに一所懸命であるはずです。自分の心情や、判断のスピードにそぐわなかったりしても、我慢して聴くことでしょう。その人でないとわからないことを十分聴き取れないと、判断を誤ることになりかねないからです。

また、部下の進言などに途方にくれるようではいけない、とも一斎が教えているように思います。自分と違う考えに遭遇した時などは、悩んで心が乱れがちとなるかもしれません。しかし、混乱して対応の仕方を見誤ってはならないでしょう。自分にしっかりした考えがあれば、あるいはその進言を受け容れた場合の結果を冷静に分析できれば、大丈夫だと思います。

いずれにしても、他人の意見をよく聞くこと、すなわち傾聴ということが大事であるという教えだと思います。

（三）「急ぐとしくじる」

急迫《きゅうはく》は事《こと》を敗り、寧耐《ねいたい》は事を成す。（言一三〇）

急いで事を成そうとすれば、失敗する。落ち着いて対処し、忍耐強く待てば、目指す所を成し遂げることができる。

「急いては事を仕損ずる」という言葉どおりの一斎の教えだと思います。慌てて、冷静さを失えば、事は成就しない。落ち着いて、客観的に物を見て、丁寧に対応すれば、成功を得ることができるというものでしょう。

昨今では、通信技術の発達で携帯電話が生活に不可欠なものとなりましたが、電話を掛けたりメールを送ったりした時に、即座の返事が返って来るでしょうか。相手が、常に携帯電話に出られる状態とは限りません。暫くして、返信があればよいし、何日も経ってからメールの返信があることもあります。相手とのコミュニケーションを取ろうとすれば、やはり待つことが肝要かと思います。

良い企画を立てて世間に受け容れてもらいたい、と願う場合でも、焦ってはいけません。口コミなどでその良さが広がるよう、上手くアピールすることが大切ではないでしょうか。内容が良ければ、向こうから受け入れの申し出がある場合もあるでしょう。

時間に限りがあるとはいえ、落ち着いて、物事を達観することができれば、時間に余裕が出て来るというものでしょう。長い人生です。納期や締切が特にない場合であれば、じっくり構えて取り組むことが大事ではないでしょうか。

（四）「難事に処するには」

処《しょ》し難《がた》きの事に遇《あ》わば、妄動《もうどう》すること得ざる。須《すべから》く幾《き》の至るを候《うかが》ひて之《これ》に応《おう》ずべし。（言一八二）

> **処理することが難しい事案に遭遇したならば、妄りに動いてはいけない。時機の到来するのを待って、対応すべきである。**

『言志録』一三〇条は、「急ぐとしくじる」という教えの箇条であると紹介しました。この一八二条は、「難事に処するには、妄りに動くなかれ」という一斎の教えです。

外科医が難手術に向かい合うとき、患部の処置に当たってはこれをよく観察し、冷静な判断を行います。焦って不適切な処置を行っては、患者の生命に関わるというものでしょう。火災現場で生存者を救出する消防士や、人質救出の現場に突入する機動隊員なども同様ではないでしょうか。決して妄りに動いてはならないと思います。適切なタイミングを見計らって、救出作業を敢行することが求められるでしょう。

人の命に関わることでなくとも、例えば取り組むプロジェクトが行き詰まり、状況を打開する必要がある時もまた同様でしょう。打開策を講じるのに付焼刃ではうまくいかないでしょう。解決策というものをじっくりと練り、実行に移します。よく考えて、時機をみて一気に行動に移すことが求められるのだと思います。

（五）「私心を挟まずに」

事《こと》を処《しょ》するに理《り》有《あ》りと雖《いえど》も、而《しか》も一点の己《おのれ》を便《べん》するものの、挟《さしはさ》みて其の内に在らば、則ち理に於て即《すなわ》ち一点の障碍《しょうがい》を做《な》し、理も亦《また》暢《の》びず。（言一八三）

事を処理するのに、自分の側に道理があるといっても、そこに僅かであっても自分の便宜のためという私心が挟まっているなら、それが道理の上でも障害となって、道理が通じなくなる。

社会活動において、何かを為す必要がある場合、私心を挟んではいけないという一斎の教えだと思います。

足下の問題の解決策を講じたり、社会的仕組みを新たに創ったりする時、それが現場や地域社会のニーズに適っていて正しいことかどうかを判断するまではよいでしょう。しかし、自分のやることに道理有りと思っても、その中に少しでも自分に有利か不利かといった気持ちがある限り、それが事を進める上で障害になりうる、と一斎が戒めているのだと思います。

自己の評価を考える前に、それが社会的に正しいかどうかを一所懸命考え、正しければその判断で実行に移せばよい、ということではないでしょうか。勿論、実行した先の結果までをある程度想定すること、またその対応策が持続的で、長らく効果が上がるものであることが大事であると思いますが。

いずれにしても、それを実行した自身の評価などは、結果に伴い自ずと付いてくるものではないでしょうか。

（六）「公務員の心得とは」（その一）

官《かん》に居《お》るに好字面《こうじめん》四有り。公《こう》の字。正《せい》の字。清《せい》の字。敬《けい》の字なり。能《よ》く此《これ》を守らば、以《もっ》て過無《かな》かるべし。不好《ふこう》の字面も亦《また》四有り。私《し》の字。邪《じゃ》の字。濁《だく》の字。傲《ごう》の字なり。苟《いやしく》も之《これ》を犯《おか》さば、皆禍《みなか》を取るの道なり。（後一四）

官職につく者にとって好ましい文字が四つある。公、正、清、敬の四文字である。よくこれらの意味するところを守れば、決して過失を犯すことがない。
また、好ましくない文字も四つある。私、邪、濁、傲の四文字である。かりにもこれを犯せば、いずれも皆禍を招く道になる。

公務員の心得として、一斎が八つのことを教えています。好ましい姿として、四つ。公平無私、正道、清廉潔白、そして、慎み深く他人を敬うことです。一方、好ましくない姿として、四つ。不公平、よこしまなこと、不品行、そしておごり高ぶることです。

特に、傲慢を慎むことについて。自分たちが、法令を作り、国や地方政府をより良きものにしよう、また、法令に決められていることは是非守ってもらわなければ、という志は必要なものです。

しかし、そのことに一所懸命であればあるほど、そこにおごり高ぶる心が入り込んでしまう、ということではいけないと思います。その気持ちを少し抑えて、腰を低く身構えるような態度をとることが大切ではないでしょうか。そのことを、私は公務員である先輩から教えられました。

もっとも、慇懃無礼ではいけません。心から相手を敬う気持ちがないといけない、という一斎の教えであると思います。

（七）「シンプルに考える」

人情《にんじょう》、事変《じへん》。或《あるい》は深看《しんかん》を做《な》して之《これ》を処《しょ》せば、卻《かえっ》て失当《しっとう》の者《もの》有り。大抵《たいてい》軽看《けいかん》して区処《くしょ》せば、肯綮《こうけい》に中《あた》る者少《すくな》からず。（後六一）

> 人の心の動きや社会におこる事変は、余り深く考え過ぎてこれを処置しようとすると、かえって失敗することがある。たいてい単純に考えて処置すれば、それが要所を押さえている場合が少なくない。

深く考えることは大事なことであると思います。が、深く考え過ぎてもかえってうまくいかないことがある、との一斎の教えだと思います。

それは、物事が置かれた状況、それに関わる人々の状況が複雑であることが原因だったりする場合かと思います。また、利害関係が複雑にからみあい、事を進めようにも解決策が一筋縄ではいかないことだってあります。そうした時は、考え過ぎの対応案は、必ずしも解決の力とはならないのではないでしょうか。

こうした時には、シンプルに考えることでしょう。その方が要所を押さえることができ、複雑な利害関係者がそれぞれ納得できる道が開かれる、ということがあるのではないでしょうか。

「シンプル・イズ・ベスト」という言葉があります。余計な物を買って部屋の中がごちゃごちゃするのを控えたり、余計なことを考えて、頭の中が煩雑となるのを避けたりするのを推奨する言葉です。シンプルさの追求が、物も心もすっきりさせてくれることに繋がるのではないでしょうか。

（八）「大局を見て細部を」

将《まさ》に事《こと》を処《しょ》せんとすれば、当《まさ》に先ず略《ほぼ》其《そ》の大体如何《だいたいいかん》を視《み》て、而《しか》る後漸漸《ぜんぜん》に以《もっ》て精密の処《ところ》に至れば可《か》なり。（後六二）

事を解決しようとする場合は、まずそれが大体どうなっているかを見て、その後、段々と細部に進んで行くのがよい。

事件を解決しようとする時などは、全体像をまず掴むようにし、その後細かな点をどうするかを検討するのがよいと思います。

大きなイベントを実施する時、全体の動きを考えタイムスケジュールや人員配置計画を立てたりします。問題が起き対応が求められる時も、これと同じように、何をいつまでに処理すべきか、スタッフをどう分担したらよいか、などよく考える必要があります。特に緊急を要する場合は、全体の関係性を早急に掴み、その上で適切な対応策を講じないといけません。

警察署長からお聞きした話ですが、事件事故の場合などは、大きく構えることが大事だと言います。時間の状況、地理的条件、関係者との連携方策を俯瞰し、様々な状況を想定して大きめに対処することが大切だということでしょう。

緊急時に限らず通常時の仕事の進め方においても言えることがあるのではないでしょうか。「木を見て森を見ず」ということにならないよう、まず大局を見て判断し、その上で細部を構築していくことが求められるのだと思います。

（九）「慌てず、怠けず」

静《せい》を好み動《どう》を厭《いと》ふ、之《これ》を懦《だ》と謂《い》ふ。動を好み静を厭ふ、之を躁《そう》と謂ふ。躁は物を鎮《しず》むる能《あた》はず。懦は事を了《りょう》する能はず。唯《た》だ敬以《けいもっ》て動静を貫き、躁ならず懦ならず。然《しか》る後能く物を鎮《しず》め事を了す。（後一三一）

> 静を好んで動を厭う者は、これをなまけものと言う。動を好み静を厭う者は、これをあわてものと言う。軽躁なる者は物事を鎮めることができない。なまけものは事を成し遂げることができない。ただ、つつしんで動にも静にも片寄らず、躁《そう》でも懦《だ》でもない。そのようにして始めて物を鎮め、事を成し遂げることができる。

事業を成し遂げようとする場合の心得を一斎が説いているものです。

落ち着きがなく軽々しく騒ぐ者は、いざという時事態を沈静化することができない。怠惰で臆病な者は、志を以て事業を完遂することができない、と一斎は述べています。

従って、慌てず、怠けず、冷静に情勢を分析し、これと決めたら、躊躇することなく実行に移すことが必要なのではないでしょうか。

そのためには、日々の不断の努力が大切であり、それを支える志というものが不可欠ではないか、と思います。

（一〇）「虚言を慎む」

実言《じつげん》は、芻蕘《すうじょう》の陋《ろう》と雖《いえど》も、以《も》て物を動かすに足る。虚言《きょげん》は、能弁《のうべん》の士と雖《いえど》も、人を感ずるに足らず。（後一七七）

真実の言葉は、身分の低い人の言葉であっても、よく人を感動させるものである。一方、偽りの言葉は、能弁の人の言葉であっても、人を感動させることはできない。

平成七年一月十七日には、阪神淡路大震災がありました。また、平成二十三年三月十一日には東日本大震災がありました。これら被災地にあって、身近な人を助けようと懸命に動いた人たち。また大震災に対し、自分も何か役にたてないかとボランティアに汗を流した人たちがいました。自らを捨てて他人の命を救おう、あるいは被災者に寄り添おうとした彼らの言葉の数々を、私は報道を通じて知りました。果たして、彼等の言葉に感動を覚えない人がいるでしょうか。

一方、虚言については、昨今社会問題化している「オレオレ詐欺」などがあります。独居老人などをターゲットに、ピンチの息子などと偽って、言葉巧みに金を振り込ませたりする手口です。これが益々悪質化しているのですが、困ったものです。

また、選挙で実現困難な公約をマニフェストとして有権者に訴える候補者というのは、どのように考えたらよいのでしょうか。その公約が本当に実現できるかどうかは、やってみないとわからないことですが、当選後に公約どおりに行かないことは少なくないように思います。現代社会は、それほど利害関係が複雑化しているから、と言えるのかも知れません。

真実の言葉に耳を傾けるとともに、人を欺きかねない偽りの言葉には注意しなければいけない、との一斎の教えではないかと思います。

（一二）「公務員の心得とは」（その二）

敬忠《けいちゅう》。寛厚《かんこう》。信義《しんぎ》。公平《こうへい》。廉清《れんせい》。謙抑《けんよく》。これら六事《じ》十二字《じ》は、官に居《お》る者の宜《よろ》しく守るべき所なり。（後一九七）

> 官吏のよく守るべきものとして、次の六事十二字がある。
> 敬忠：主君を敬い、忠義を尽くす
> 寛厚：寛大な心で、温厚である
> 信義：約束を守り、努めを果たす
> 公平：かたよらず、えこひいきがない
> 廉清：心が清く、私欲がない
> 謙抑：へりくだり、己を抑える

幕末と現代とでは少し様子が異なりますが、公務に就く者の心得を一斎が説いているものです。

敬忠とは、任命権者に対しこれを尊敬し、まごころを尽くして仕えること。
寛厚とは、心がゆったりとしていて、温厚にふるまうこと。
信義とは、何事も誠実を旨として、日々勤めること。
公平とは、常に公明正大な態度で、私心があってはならないこと。
廉清とは、私欲を捨てて、清い心で仕事に励むこと。
謙抑とは、自分を抑えて、上から目線の態度を取らないこと、だと思います。

「公共の福祉」を担うんだという意気込みは必要ですが、結果、尊大で、不遜な態度を取るようではいけないでしょう。公務員が仕事に臨むに際しては、そういう態度にならないよう気を付けなければならない、ということも一斎の教えの一つであるように思います。

（一二）「常に二案を用意して」

器物《きぶつ》に必ず正副《せいふく》有りて、而《しか》る後《のち》に欠《か》くる事無し。凡《およ》そ将《まさ》に一事《じ》を区処《くしょ》するに、亦当《またまさ》に案を立てて両路《りょうろ》を開かば、正副の如《ごと》く然《しか》るべし。（後二二九）

器物は必ず正副の二つがあると、使うのに事欠くことがない。同様に、一つの事件を処理する場合にも、二つの方法を立案して、器物に正副があるように進めれば、うまくいくものだ。

事件を解決しようとする時、二つの案を用意すれば、万一一つ目の案が機能しなくても、二つ目の案で対処すればよい、という一斎の教えであると思います。物が壊れても、二つあれば他方を使えばよい、というのに同じでしょう。

仕事を進める上で、企画し立案することが求められる場面は多くあります。より的確な結果を導くには、対案というものがあるとよいのではないでしょうか。目標は同じであっても、これを達成するための異なるアプローチを比較検討することで、より良い最終案を導き出せることは多いと思います。

また、実施するかしないかの結論を出すために、それをやる場合、やらない場合のそれぞれのメリット・デメリットを比較検討して決断する手法も有効だと思います。

二つのものを比較して答を出すという方法は、客観的で適切な結論を求める上で、基本的な手法の一つであると思います。

（一三）「結果を想定して着手」

凡《およ》そ事功《ことこう》有《あ》るに似て功無《こうな》きこと有り。弊《へい》有るに似て弊無きこと有り。況《いわん》や数年を経て効《こう》を見る事に於《おい》てをや。宜《よろ》しく先《ま》ず其《そ》の終始《しゅうし》を熟図《じゅくと》して而《しか》る後《のち》做《な》し起《おこ》すべし。然《しか》らずんば、功必《こうかなら》ず完《まった》からず。或《あるい》は中《なか》ごろに廃《はい》して、償《つぐな》ふ可《べ》からざるに至《いた》らん。（晩一一二）

すべて世の中のことは、成功するように思われても、実はそうでないことがあり、逆に弊害があるように見えても、実際は何ら害のないことがある。ましてや数年経って効果があらわれることにおいてはなおさらのことである。

従って、事を始めるにあたっては、まずその終わりがどうなるかを熟慮してから始めるべきである。

そうでないと、その取り組みは完遂することができない、あるいは、途中で取りやめ、償うことができない損失を招くかもしれない。

（13）「結果を想定して着手」

仕事を進めるとき、ひとまずこうしておこう、当面はこの路線で行こう、といった検討がなされることはよくあります。

一斎の教えは、そのことを否定しているわけではありませんが、取り組みの結果や結末を何ら想定しない、ましてや自分がその立場にいる間さえうまくいけばよい、といった考えなどを戒めているように思います。

社会的な取り組みは、時を経て人々に様々な影響を及ぼします。比較的長く耐えられ、効果が現れる対応、また取組であることが求められるのではないでしょうか。

（一四）「世渡りの方法」

「言《げん》を察《さっ》して色《いろ》を観《み》、慮《おもんぱか》りて以《もっ》て人に下《くだ》る。」世《よ》を渡《わた》る法《ほう》、此《こ》の二句に出《い》でず。（晩二一二）

論語に「達人は相手の言葉を推察し、相手の顔色を観察してその心中を知り、思慮深く周到でありながら、他人に対してへりくだるものである。」とある。世を渡る方法として、この二句以上のものはない。

世渡りの極意を、論語を引きながら一斎が示したものです。孔子が述べた二句とは、世渡りの心得として一つは相手の言葉や表情からその心を察すること、そしてもう一つは賢く慎重に事を構える一方で相手にはへりくだること、を言います。

ただぺこぺこと頭を下げへりくだるだけでは、かえって慇懃無礼と受け止められかねません。思慮分別をもって対する中で腰は低くする、ということではないでしょうか。

また相手の言葉も、額面どおりでなくその背景や裏を読むこと、何より本心は顔に出がちであることから表情から真意を読み取ること、これらがまさに世渡りの達人の所業というものではないでしょうか。

腰を低くし、深く考えて行動し、また相手の顔色を読み取ろうとする場合は、猜疑心や不安顔は捨てて、冷静の中にも穏やかさを保つことが必要ではないか、と思います。

（一五）「恥を知り、悔い改める」

人は恥《はじ》無《な》かる可《べ》からず。又悔《くい》無《な》かる可からず。悔を知れば則《すなわ》ち悔無し。恥を知れば則ち恥《はじ》無し。（晩二四〇）

人間は恥を知るということがなくてはいけない。また、悔い改めるということがなくてはいけない。悔い改めることを知っていれば、ついに悔い改める必要は無くなり、恥を知ることを知っていれば、恥をかくことが無くなるのである。

恥を知るということと、悔い改めることの意義を一斎が説いたものです。

己の所業を省みて他人に恥ずべきことがあるかを考えること、また恥というものを強く意識することにより人に恥ずかしくない行動をとろうとすること、そういうことが大切であると一斎が述べているのだと思います。恥を知ることを心得ているならば、それが抑止力となって実際に恥をかくことがなくなる、ということでしょう。

誰でも失敗することはあります。その時、自らの所業を省みてこれを悔い改めようとすれば、その後同じ過ちを繰り返さなくなる、と一斎が述べているのだと思います。悔い改めることを重んじているならば、それが肥やしとなり、その後悔い改めることがなくなる、ということでしょう。

「恥」も「悔」も、人を磨き上げる種となるものだと思います。

（一六）「始めを正しく」

収結《しゅうけつ》は固《もと》より難《かた》しと為《な》す。而《しか》れども起《き》処《しょ》も亦《また》慎《つつし》まざる容《べ》からず。起《き》処《しょ》是《ぜ》ならざれば、則《すなわ》ち収結完《まった》からず。（晩二五六）

> **仕事の終わりを完結することは固より難しいことであるが、仕事の始めもまた慎重でなければならない。仕事の始めが正しくないと、終わりを全うすることはできないものである。**

仕事を立派に完結させることの心得を、一斎が述べたものです。

色んなことを企て、その計画を実行し、一定の成果を収めるということは必ずしも容易なことではありません。途中で情勢の変化があったり、携わる人間の異動があったりで、計画どおり運ばないことはよくあることです。そんな中で、最初の計画が妥当である、あるいは初志を貫徹する関係者の志が高いなどの諸条件が整えば、その仕事を全うして、一定の成果を収めることができるというものでしょう。

政権が交代したことに伴い、政策が反故になってしまう例や、立ち上げた事業が頓挫し、そこから撤退を余儀なくされる事例があります。こうした場合、最初のスタートの仕方やその内容に果たして無理はなかったか、などが問われることになるのだと思います。

物事を成就するには、その始まりが慎重で、適切なものでなければならない、という一斎の教えであると思います。

（一七）「会話の心得」

言語《げんご》の道、必ずしも多寡《たか》を問はず。只時中《ただじちゅう》を要す。然《しか》る後人其《そ》の言を厭《いと》はず。（耋一九二）

言葉は、必ずしも多い少ないを問題にするものではない。ただ、言うことがその場の空気にふさわしく、ほどよいことが必要である。そうであれば、聞く人は言葉が多いのを厭うことはない。

多弁で失敗したことがあります。私の饒舌を聞いた人から、叱られました。

一斎は、多弁か寡言かは必ずしも問題ではない、「時中」であることが必要だと説いています。時中とは、「朱子学に述べられているように、実践においてその時その時の行為が中を得ていること（中庸の徳）で、過不及なしということ」（世界大百科事典より）です。言葉は、その場に適切で、節度を心得ていることが何より大切、との一斎の教えであると思います。

内容がふさわしく、言い過ぎでない、そして分をわきまえているならば、聞く人は必ずしも疎ましく感じることはない、ということでしょうか。

言葉の多寡にも、またその内容にも中庸があるならば、会話は決して危ういことはない、といった教えかと思います。

（一八）「急がば回れ」

遠方に歩《あゆむ》を試みる者、往往《おうおう》正路《せいろ》を舍《す》てて捷径《しょうけい》に趨《おもむ》き、或《あるい》は繆《あやま》りて林莽《りんもう》に入る。嗤《わら》う可《べ》きなり。人事《じんじ》多く此《これ》に類す。特に之《これ》を記《しる》す。（耋二六六）

遠方へと歩いて行こうとする者は、時々正しい道を通らず近道を行こうとし、あるいは誤って林や草むらに入ってしまうことがある。まさに笑うべきことだ。人生にはこれに似たことが多い。このことを特にここに記す。

赤崎勇名城大学大学院教授が、二〇一四年のノーベル物理学賞を受賞されました。受賞が決まった直後の記者会見で、「青色の発光ダイオード（ＬＥＤ）の開発に半世紀近くかかった」、また若い研究者に伝えたいことを問われ、「六十年ほどになるが、自分は好きなことをやってきた。はやりの研究に飛びつくのではなく、やりたいことを追及して」と答えられていました。

学問に王道なし、という言葉があるとおり、正しい道をコツコツと歩むことでしょう。また、急がば回れ、との言葉があるとおり、やりたいことを確実にものにしようとするならば、近道を選んで安易に処理などしないことではないでしょうか。

人生には近道をして失敗するようなことが多い、と一斎が述べていますが、まさにそのとおりであると思います。

第四章　爽やかな心で充実して生きるには

（一）「心を開くには」

心下《しんか》痞塞《ひそく》せば、百慮《ひゃくりょ》皆《みな》錯《あやま》る。（言二一一）

心が塞がっていると、良い考えなど出て来なくなり、全ての判断も皆誤ったものとなってしまう。

自身の健康問題、家族の問題、ご近所の問題など心を煩わす種は、身の周りにたくさんあるものです。しかしながら、こうした問題を抱え込んでしまうと、心は塞がってしまうでしょう。一旦心が塞がると、そのことが頭から離れなくなり、仕事や生活に支障が出ることになりかねません。

心の扉を開くのは容易ではないかもしれませんが、祈ること、感謝することで塞がった心は開けてくるのではないか、と私は思います。

また、古人は朝日を拝んだり、滝に打たれたり、大自然の力から己をコントロールする術を得たりしています。そこまでのエネルギーを使わなくとも、外に出て季節の風に吹かれたり、路傍の花を見、空を行く鳥の声に心を寄せるだけでも心は開けてくるものです。

自然界の事物に触れることで、人の五感が覚醒されれば、自ずと良い考えが浮かんで来て、良い判断が出来るようになるというものではないでしょうか。そういった一斎の教えである、と私は考えています。

※　Ｐ156の標題の次行の読み下し文末尾に記した（言二一）ですが、「言」は『言志録』の略記であり、本箇条が『言志録』全二四六箇条の第二一条であることを表します。以下同様であり、「後」は『言志後録』、「晩」は『言志晩録』、「耋」は『言志耋録』のそれぞれ略記です。目次の末尾参照。

（二）「多忙という穴に入り込むな」

今人《いまひと》率《おおむ》ね口に多忙を説《と》く。其《そ》の為す所《ところ》を視《み》るに、実事《じつじ》を整頓《せいとん》するもの十に一二。閑事《かんじ》を料理するもの十に八九、又《また》閑事を認めて以《もっ》て実事《じつじ》と為す。宜《うべ》なり其の多忙なるや。志《こころざし》有《あ》る者誤《あやま》りて此窠《このか》を踏むこと勿《なか》れ。（言三一）

今時の人は、口ぐせのように忙しい、忙しいという。しかしながら、その人のやっていることを見ると、実際に必要なことは十のうち一、二に過ぎない。つまらない仕事が、十の中の八、九である。また、このつまらない仕事を必要な仕事と思っている。それなら忙しいのももっともなことである。真に志のある者は、こんな穴に入り込んではいけない。

人に会うと、仕事が忙しい、忙しいと口癖のように言う方がいます。本当に忙しい場合であっても、その仕事の中身を点検すると、真に大事なことはその一部で、多くはとるに足りない仕事である場合が多い、と一斎が述べています。

その人は一所懸命取り組んでいるのですから、つまらない仕事はやめろとは言えません。こういう場合、実際にその仕事をやらざるを得ない人は、仕事の軽重を考えるようにするとよいと思います。これという重要な仕事は気合を入れてしっかりやり切る、重要度が低い仕事はポイントを押さえ、その部分をものにするに止める、といった具合です。

特定の部下に仕事が集中している時、その分散、軽減を図るのが上司の務めです。上司も部下も、それぞれの役割を認識し、円滑な組織運営となるよう努めなければならない、と思います。

（三）「言葉や顔に現れる心」

心の形《あらわ》る所は、尤《もっと》も言《げん》と色《いろ》とに在《あ》り。言を察《さっ》して色を観《み》れば、賢不肖《けんふしょう》、人廋《かく》す能《あた》わず。（言三八）

人の心がよく外に現れるところは、言葉と顔色である。その人の言葉を推察して顔色をみれば、その人が賢い人か愚かな人かがわかるもので、人はそれを隠すことはできないものである。

人の心は言葉や顔色に出るものだ、と一斎が述べているものです。そして、その言葉と顔色を併せて見れば、利口かそうでないかがわかってしまうと言います。歴史を学ぶと、例えば、恋心や謀反の心というものが、その人の顔から見てとれてしまうことがある、ということでしょうか。

ところで、笑顔は、人に接する上でコミュニケーションを促進する道具となります。笑顔のない人間関係は、冷たく、創造的ではありません。笑顔を返すことによる人と人とのふれあいで、社会的な活動は活発化し、物事が前に進んでゆきます。

また笑顔は、その人の本心を隠す力もあると思います。時に、自分の本心を抑えて人と接することが必要な場面がある、と思います。そういう場合に、言葉を控え、顔色にも出さず、その場を笑顔で乗り切れる人は強い人だと思います。

一方、どうしても感情が顔に出たり、言葉に本心が現れてしまうこともあります。それを決して否定するものではありませんが、肝心な時には自分をコントロールできるようになりたいものだと思います。

（四）「天命としての禍福」

人烖患《さいかん》に罹《かか》れば、鬼神《きしん》に禱《いの》りて以て之を禳《はら》う。苟《いやしく》も誠《まこと》を以て禱らば、或《あるい》は以て験《しるし》を得可《うべ》し。然《しか》れども猶《な》お惑《まど》ふなり。凡《およ》そ天来《てんらい》の禍福《かふく》には、数《すう》有りて、趨避《すうさ》く可《べ》からず。又趨避《さ》くる能《あた》わず。鬼神の力、縦《たと》い能《よ》く一時之《これ》を禳ふとも、而《しか》も数《すう》有るの禍《わざわい》は、竟《つい》に免《まぬが》るること能わず。天必ず他の禍を以て之に博《か》う。譬《たと》えば頭目《とうもく》の疾《やまい》諸《これ》を腹背《ふくはい》に移す如し。何の益か之れ有らむ。故に君子は順《したが》ひて其の正《せい》を受く。（言二〇一）

人が災いや心配事に出会うと、神様にお祈りして、これを払おうとする。誠の心で祈れば、あるいは霊験を得られるかもしれない。しかし、それでもなお惑うものである。

凡そ天からやってくる禍や幸福は、運命であって、これを避けるべきものでない。また、避けることができないものでもある。神様の力が、たとえ一時的にこれを払ったとしても、運命による禍は、ついには免れることができない。天は必ず別の禍をもってこれに換えるものである。例

えば頭や目の病気を腹や背中に移すようなものである。これでは何の益もない。
故に君子は、天理に従って、その正しき天命を受けるものである。

人生において災いというものにどう対処するか、その心構えを一斎が説いているものだと思います。人は神頼みをして災いを避けようとします。が、天から与えられる災いは運命であり、これを避けることができません。まして一時避けられたとしても、別の災いを被ることになる、とまで一斎は述べています。

神頼みを否定する必要はないと思います。しかし、天命として与えられる禍福には、それを受け入れる覚悟が何より必要だということではないでしょうか。

（五）「人生は旅のごと」

人の世を渉《わた》るは行旅《こうりょ》の如《ごと》く然《しか》り。途《と》に険夷《けんい》有《あ》り。日に晴雨《せいう》有り。畢竟《ひっきょう》避《さ》くるを得ず。只《た》だ宜《よろ》しく処《ところ》に随《したが》ひ時《とき》に随ひ相緩急《あいかんきゅう》すべし。速《すみやか》なることを欲《ほっ》して以て災《わざわい》を取る勿《なか》れ。猶予《ゆうよ》して以て期《き》に後《おく》るる勿れ。是《これ》旅に処《しょ》するの道にて、即《すなわ》ち世を渉《わた》るの道なり。（後七〇）

人が世の中を生きていくのは、旅行をするようなものである。道中には険しい所もあれば、平坦な所もある。晴れの日もあれば雨の日もあって、結局はこれを避けることはできない。ただその所その時に従って、ゆっくり行ったり、急いだりすればよい。急ぎ過ぎて、災を受けてはいけない。また、ゆっくりし過ぎて期日に後れるようではいけない。これが、旅をする心得というものであって、すなわち世の中を生きていく道なのである。

人生を旅にたとえて、その歩み方について一斎が述べているものです。険しい道も平坦な道もあるし、晴れの日も雨の日もあります。そんな中で、急ぎ過ぎて災難にあってもいけないし、のんびりし過ぎて時期を失してもいけない、と一斎が教えています。

幕末の時代の旅は、船や籠があったくらいで、歩くのが基本でした。現在の日本では、全国に新幹線が延伸され、品川と名古屋を四十分で結ぶリニア中央新幹線の工事も始まりました。旅に出るとなると、文明がいくら発達しても、天気の変化や交通の状況を十分踏まえて行動することが必要でしょう。

今や人生八十年といった時代です。急いで物事に当たらなければならないこともある一方で、ゆっくり着実に歩んでいくことが望ましいこともあります。

そうしたことを心得て、人生行路を一歩一歩進んで行きたいと思います。

（六）「逆境を楽しむ」

順境《じゅんきょう》は春の如し。出遊《しゅつゆう》して花を観る。逆境《ぎゃっきょう》は冬の如し。堅《かた》く臥《ふ》して雪を看《み》る。春もとより楽しむ可《べ》し。冬も亦《また》あしからず。（後八六）

順境は万事うまくいくのであるから春のようなものである。外出して花を見て遊びたい気分になる。逆境はすべて意のごとくにならないので冬のようなものである。じっと閉じこもって、雪を眺めていたい気分になる。

春は、もちろん楽しむがよい。冬もまた悪くはないものである。

『言志後録』七〇条で、一斎は人生を旅に例え、その順逆を素直に受け入れていくことを述べています。この箇条は、逆境もまた楽しんでゆけ、ということを教えているものです。

春は一斉に開花し、鳥の囀りも始まる季節で、心は浮き浮きしてきます。外出の機会も増え、活動が活発になります。一方、冬は雪に閉ざされたりで、家に閉じこもりがちとなります。咲く花も少なく、暖かい地域に渡る鳥や眠りにつく獣もあります。

そうした冬のごとき逆境であっても、楽しむことはできると思います。スキーやスノーボード、またスケートに興じることもできますし、雪見酒といって、雪の風情を愛でながら酒を嗜むこともできましょう。バードウォッチングも、鳥がよく観察できる冬こそ最適のようです。

このように冬を楽しむ気持ちで、逆境をも克服していけたらよいと思います。

（七）「日々を無駄にせず」

百年《ひゃくねん》再生の我れ無し。其《そ》れ曠度《こうと》すべけんや。（後一〇九）

百年たったら再び生まれてくる自分というものは無い。だから、日々を空しく過ごしてよいはずはない。

南宋の儒者朱熹の言葉に、「少年老い易く学成り難し、一寸の光陰軽んずべからず」とあります。わずかな時間も無駄にしてはならない、という戒めの言葉です。一斎の本箇条も、これに近いものではないか、と思います。百年後にはまた生まれてくる、そんなものではない。一日一日を無駄にせず、学び、社会に役に立つように努めねばならない、そんな一斎の声が聞こえてくるようです。

ところで日本人の平均寿命は、統計データの不備の問題はありますが、百五十年前の幕末では四十歳程度、平成二十七年現在では八十歳程度と、倍の開きがあります。当時は、短い人生を無駄にしてはならないという感覚が強かったのだと思います。現在の我が国は長寿国となりましたが、お年寄りの介護や医療の問題を抱えるなど、まさに高齢社会の諸問題に直面しています。

一斎は『言志晩録』六〇条(第一章(二一))で、「老いて学べば、則ち死して朽ちず」、また、『言志後録』二一七条では、「六十歳を超えてからは、一層修養に心がけ、心の落ち着きを失わないようにしている」と述べています。時間に余裕のある老後の生き方として、大変参考になります。

本条は、人間として生まれたからには幾つになっても日々を無駄に過ごしていてはいけない、との教えであると思います。

（八）「月や花を看る」

月を看《み》るは清気《せいき》を観《み》るなり。円欠晴翳《えんけつせいえい》の間《かん》に在らず。花を看るは生意《せいい》を観るなり。紅紫香臭《こうしこうしゅう》の外《ほか》に存す。（後一四〇）

> **月を眺めるのは、清らかな気を観賞するのである。月が円くなったり、欠けたり、晴れたり、翳ったりするのを見るのではない。花を見るのは、生き生きとした花の心を観賞するのである。花の紅や紫といった色、香りや匂いの外に見るべきものがあるのである。**

古来、雪月花は日本人が詩歌に詠むなどして、愛でてきたものです。

月を見るのに、その満ち欠けや、照る翳るといった物理的な変化を見るのではなく、月の光から感じられる清廉な「気」というものを観賞しなければならない。花を見るのに、その色や香りといった外に現れたものを見るのではなく、花の命から感じられるすがすがしい「心」というものを観賞しなければならない。このように一斎は述べています。

俳句の世界では、写生という客観描写の上に、「いのち」という主観の世界を浮かび上がらせるような作句態度があります。一斎の教えも、それに通じるものがあり、月や花の外形的な魅力そのものを句に詠むに止まらず、その奥底に感じとられる人の心を詠めるとよいと考えています。

人間の存在も大きな自然界の一部であり、自然界に存する「気」や「心」といったものは、これに向き合う人間の「いのち」と一体のものであると思います。

※　筆者は、平成二十一年から本格的に俳句を学び始め、現在東京にある結社「銀漢」同人、大垣市にある結社「和」の会員を務めています。(堀江美州はその俳号)

（九）「言を容れざる人とは」

能《よ》く人の言を受くる者にて、而《しか》る後に与《とも》に一言す可《べ》し。人の言を受けざる者と言はば、翅《ただ》に言を失《うしな》うのみならず、秖《まさ》に以て尤《とが》めを招《まね》かん。益《えき》無きなり。（後一六八）

よく人の言葉を受け容れる者であれば、その人とともに一言を交えてもよい。人の言葉を受け容れない者と言葉を交せば、ただ言葉を無駄にするだけでなく、かえってそれにより言葉の過ちを招くことになる。全く無益なことである。

人の話には耳を傾け、よくその人の話を聞かなければなりません。その一方で、人の言葉を受け入れようとしない人に対してはどうすればよいか、を一斎が説いたものです。

主義・信条から、あるいは性格からか、人の言葉に耳を傾けようとしない人はいるものです。そうした人と言葉を交わすと、話しても何の甲斐も無いばかりでなく、己の本意ではないことまで口走ったりし、かえって災いとなりかねない、とまで一斎は述べています。

己の話したいことを相手に理解してもらおうとするならば、話し相手を選ぶことも必要でしょう。相手を選ぶことができない場合、その相手がこちらの話したいことに耳を傾けないのであれば、深入りすることを避けるか、あるいはよくよく言葉に注意する必要があるのではないか、と思います。

（一〇）「知命楽天」

余《よ》自ら視《し》、観《かん》、察《さつ》を飜転《ぼんてん》して、姑《しばら》く一生《しょう》に配《はい》す。三十已下《いか》は、視《し》の時候《じこう》に似たり。三十より五十に至るは、観《かん》の時候に似たり。五十より七十に至るは、察《さつ》の時候に似たり。察の時候には当《まさ》に知命《ちめい》、楽天《らくてん》に達すべし。而《しか》るに余の齢今《よわいいま》六十六にて、猶《なお》お未だ深く理路《りろ》に入る能《あた》わず。而《しか》るを況《いわん》や知命、楽天に於《お》てをや。余《よ》齢幾《わいいく》ばくも無し。自ら励《はげ》まざる容《べ》からず。天保丁酉瓜月記す。（後二四〇）

論語に「其の為す所を視、其の由る所を観、その安んずる所を察す」とあるが、私はこの視・観・察を写しかえて人の一生涯に配してみると、三十歳以下は見る目が浅く「視」の時代に似ている。三十から五十に至るまでは、やや念を入れて世間を見るから、「観」の時代に似ている。五十から七十に至るまでは、内省して見るから、「察」の時代に似ている。この「察」の時代には、まさに天命を知り、人生を楽しむ境地に達すべきである。

しかるに自分の年は今六十六歳であるが、まだ物事の道理に深く入ることができない。まして天命を知り、これに安んずることはできない。もう余生も残り少ない。もっと精進しなければならない。（天保八年七月記す）

論語に、「三十にして立ち、・・・五十にして天命を知る」とあります。社会的に独立する三十歳までは、世間を見る目が浅い。不惑の四十歳を経て五十歳に至る二十年間は、世間の見方が少し深まる。五十歳以降は、まさに天命を知る年代で、世間を見るにも自ら内省して行う。本箇条は、そのように一斎が論語を引きながら、人生の各段階を述べているものです。

天命を知って、人生を楽しむ境地に達することができれば、幸いというものでしょう。一斎自身も、この箇条を書いた六十六歳にして、まだ道理に深く入れず、一層の精進を誓っているのです。

易経に、「天を楽しみ命を知る。故に憂えず」とあります。己の成長の先に、「知命楽天」といった境地が得られれば、憂えることがないというのであります。

（一一）「人の長所を見る」

我《われ》は当《まさ》に人の長処《ちょうしょ》を視《み》るべし。人の短処《たんしょ》を視る勿《なか》れ。短処を視れば、則《すなわ》ち我《われ》彼《かれ》に勝《まさ》り、我《われ》に於《お》いて益《えき》無し。長処を視れば、則ち彼《かれ》我《われ》に勝《まさ》り、我《われ》に於て益有り。（晩七〇）

人を視るには、その人の長所を視て、短所を視ない方がよい。短所を視れば、自分がその人に勝っているからと、驕りの心が生じ、自分を利することがない。その人の長所を視るようにすれば、その人が自分に勝っていることがわかり、それに刺激を受けて自分を磨くことになり、自分にとって有益である。

自分の周りの人を見ると、その悪いところばかりが気になるということがあります。しかしながら、その良いところを見るようにすれば、自分にとってプラスとなることを、一斎が教えているものです。

職場の上司や部下、あるいは同僚のどこを見ているのでしょうか。仕事で出会う人や、近所の人のどこを見ているのでしょうか。両親や、子供、また配偶者のどこを見ているのでしょうか。

まさに、人の短所に目をつぶり、長所を見るようにすれば、自分を高めるのに有益ということですが、それだけではないと思います。人の短所を見て心を煩わされるとすれば、それはその人のせいではなくて、自分のせいでありましょう。自分にだって欠点はあるのだと、自分の心を治めてその人の長所を意識して見るようにすれば、心安らかな日々を送ることができるというものでしょう。

人はその長所を見るようにすれば、自ら得るものがあるということを、一斎が教えているのだと思います。

（一二）「今日一日を最善に生きよ」

心は現在《げんざい》なるを要す。事《こと》未だ来たらずを邀《むか》ふ可《べ》からず。事已《すで》に往《ゆ》けば追ふ可からず。纔《わず》かに追ひ纔かに邀《むか》ふれば、便《すなわ》ちこれ放心《ほうしん》なり。（晩一七五）

心を一瞬に集中させて、今を充実させないといけない。いまだ起こらない出来事を迎えることはできないし、既に終わってしまったことを追いかけることもできない。少しでも過去に追いすがって後悔したり、少しでも将来に気を回して心配すれば、心が空っぽになってしまう。

失敗を教訓とすることは大切なことではあるが、過ぎてしまったことを、いつまでもくよくよと後悔してもしょうがない。しっかりした計画を立てることは大切なことではあるが、気を回し過ぎて取り越し苦労をすることは、よくない。これらは、過去や将来に囚われた生き方です。ただ、今の一時を大切にし最善を尽くせ、ということを一斎が教えているのではないでしょうか。

（12）「今日一日を最善に生きよ」

私は、この教えを一日単位でとらえ、「今日一日を最善に生きよ」というメッセージとして受け止めたいと思います。

禅師曰く、「朝は希望に起き、昼は努力に生き、夜は感謝に眠る」と。（作者不詳）

（一三）「安らかな眠りのためには」

「晦《くれ》に嚮《むか》えば宴息《えんそく》す」万物皆然《ばんぶつみなしか》り。故《ゆえ》に寝《しん》に就《つ》く時、宜《よろ》しく其《そ》の懐《かい》を空虚《くうきょ》にし、以《もっ》て夜気《やき》を養《やしな》うべし。然《しか》らざれば枕上思惟《ちんじょうしい》し、夢寐《むび》安《やす》からず。養生《ようじょう》に於《おい》て碍《さまたげ》と為《な》す。（晩二七八）

「夕暮れになって休息する」ことは万物皆そのとおりである。ゆえに床に就く時は、心を空っぽにし、夜の清明な気を十分養うべきである。そうでないと、寝てから色々と考え込み、夢も安らかに結べない。それでは、養生の妨げになる。

夜になると、清らかで物静かな空気を感じることができます。これが夜気というものだと思います。

昼間は世上の騒々しいことに関わり、ゆっくりと己を見つめる余裕がないものです。一日の仕事や家事を終え、テレビを見たり、インターネットを操ることなども終え、そして床に就きます。ＢＧＭをかけたりしても、それは音楽を聴くためではなく、安らかに眠るための子守歌としてであったりします。

心を空っぽにして床に就くと、夜気が感じられ、そのうちに、穏やかな眠りが訪れます。

床に就いたらあれこれと考え込むようでは養生にならない、頭と身体を十分休め、そして次の日の朝を健やかに迎えよ、との一斎の教えであると思います。

（一四）「得意も失意も」

得意の事《こと》多く、失意の事少ければ、其《そ》の人知慮《ちりょ》を減《げん》ず。不幸と謂《い》う可し。得意の事少く、失意の事多ければ、其の人知慮を長《ちょう》ず。幸と謂《い》う可《べ》し。（耋三三）

普段得意の事が多く、失意の事が少なければ、深く考えることがなく、思慮分別が減少する。まさに不幸というべきことである。逆に、得意の事が少なく、失意の事が多ければ、これを克服しようとして、知恵や思慮が増えていく。この方が幸いというべきことである。

人生に、失意はつきものである。若い時も、壮年になっても、また年老いてもそうではないでしょうか。

そんな場合、そのくらいのことでへこたれてはなるか、また、それがだめでもこれに代わる何かがあるはずだ、というような気持ちで、失意の時を切り抜けていくことではないでしょうか。

得意の事があったり、また得意の事が続いた時は、有頂天になったり、人の気持ちが見えなくなったりしがちです。これまでの努力が報われたと思い、喜びに浸ります。それはそれでよいのですが、それだけで終わってしまうと思慮分別が減少する、と一斎は述べています。

得意の時に、果たしてこれが長く続くものなのかと考え、次に備える人は幸いであるということになるのでしょう。

得意で天狗にならず、失意で卑屈にならず。要はしっかりと自分の心をコントロールしていきたいものと思います。

（一五）「喜怒哀楽」

喜気《きき》は猶《なお》春のごとし。心の本領《ほんりょう》なり。怒気《どき》は猶《なお》夏のごとし。心の変動なり。哀気《あいき》は猶《なお》秋のごとし。心の収斂《しゅうれん》なり。楽気《らくき》は猶《なお》冬のごとし。心の自《じ》得《とく》なり。自得は又喜気の春に復《ふく》す。（耋四九）

喜びは春のようなものである。これは心の本来の姿である。怒りは夏のようなものである。これは心の変動した姿である。哀しみは秋のようなものである。これは心の引き締まった姿である。楽しみは冬のようなものである。これは心に自ら得る姿である。この自得の姿は、また喜びの春に戻ってゆく。

「喜怒哀楽」という心の持ち様を、四季になぞらえて一斎が解説しているものです。

日本は四季に恵まれ、その変化が心の持ち方にまで影響を及ぼすものだと思います。清少納言の『枕草子』では、春はあけぼの、夏は夜、秋は夕暮れ、そして冬はつとめて、と季節ごとに一日のうちの趣きのある時間帯というものを紹介しています。

とりわけ冬についてですが、一斎は、寒くて生活の厳しい冬を楽しみの季節とし、清少納言は、冬の早朝の寒い時間帯を一日のうちで最も「おかしきもの」とし、いずれも冬を積極的に評価しています。

こうした厳しい冬もやがて喜びの春へ、と季節が循環するところに救いがあるように思います。

※　一斎の孫弟子とも言うべき吉田松陰（一八三〇～一八五九）は、「その人にふさわしい春夏秋冬みたいなものが、あるような気がする・・・私は三十歳で、四季を終えました・・・」（池田貴将　編訳『覚悟の磨きかた　超訳吉田松陰』サンクチュアリ出版より）と言っています。安政の大獄に連座し、江戸で刑死した松陰は、四季の移り変わりのことを考えながら、死と向かい合い、死んで行きましたが、佐藤一斎のこの箇条などが意識の中にあったのかも知れません。

（一六）「心にいつも楽しみを持つ」

人は須《すべから》く快楽《かいらく》なるを要すべし。快楽は心に在りて、事《こと》に在らず。（耋七五）

人はだれでも心に楽しみをもつべきである。楽しみというのは、自分の心の持ち方にあるのであって、事物の中にあるのではない。

中津川市立元図書館長小林光代氏によると、「第二次世界大戦アウシュビッツ収容所で命をつないだ人は、他者から食べ物を奪い、食を得た人ではない。何もないところでも幸福だった日々のことを豊かに想像できた人だったという」と。※

収容所に閉じ込められた状況でなくとも、人は時にへき地住まいや独り住まい、あるいは孤立した生活環境や職場環境に置かれることがあります。こうした時、人は心が折れたり、萎えたりすることがあるのですが、これが楽しみを持つことで救われるのでしょう。

楽しみは、趣味やスポーツであったり、気心が通う仲間や家族の存在であったりします。そうして、自分の心の中に楽しみを見つけることが何よりも大事である、と一斎が教えているように思います。

心の持ち方次第で苦難を乗り越えることも可能であり、また、その楽しみは自ら見つけないといけないのであって、事や物の中に自ずから存在するものではない、と一斎が諭しているのだと思います。

※　アウシュビッツ収容所から奇蹟の生還を果たした精神科医のヴィクトール・E・フランクルは、収容所での体験を『夜と霧』（新版　二〇〇二年十一月みすず書房刊　池田香代子訳）に著しています。「自分を取り巻く現実から目をそむけ、過去に目を向けるとき、内面の生は独特の徴を帯びた」と。

作家の五木寛之氏はまた、「極限状況の中で生き延びた人たちは、・・・寒さに震えながら水溜まりを越えていく時、水溜まりにうつった風景に気づいて感動するような人。たとえていえば、そんな人たちが比較的生き延びたらしいのです。」と、フランクルの同著から解説しています。（『無意味な人生など、ひとつもない』五木寛之著、二〇一七年三月ＰＨＰ研究所刊）

（一七）「労と逸」

身労《しんろう》すれば則《すなわ》ち心逸《いっ》す。身逸《しんいっ》すれば則ち心労《ろう》す。労逸《ろういつ》は竟《つい》に相離異《あいりい》せず。（耋九五）

身体を働かして疲れさせると、心は安逸になる。身体を安逸にすると、心は返って苦労する。すなわち労と逸は、離れ離れのものではない。

身体と心の関係を一斎が述べたものです。

身体を使って労働をする、勉強をする、あるいは趣味やスポーツを行う。そうした身体が疲労した時には、心は疲れず、むしろゆったりとくつろいだ状態になると一斎は言います。心地よい疲労感というのは、そういう時の心の状態でしょうか。

身体をのんびりしたままにする。そうした時は、却ってあれこれ心配事などが浮上したりするものでしょう。何日も温泉三昧、何日も遊び耽る、そうした状態の時に、ふとこれでいいのかと思ったりします。多忙で、身体を動かしている時の方が気持ちが楽、というのはそういう時の心の状態を言うのでしょうか。

ここに、「労する」ことと「逸する」ことは表裏一体のものであることがわかる、と一斎が結論付けています。

（一八）「忙中閑あり、苦中に楽あり」

人は須《すべから》く忙裏《ぼうり》に閒《かん》を占め、苦中《くちゅう》に楽《らく》を存する工夫を著《つ》るべし。（耋一一三）

> 人は忙しい中にも心を静かにし、また、苦しみの中にあっても楽しみを見つける工夫をしなければならない。

多忙や苦しみに押しつぶされない心持ちといったものを、一斎が教えているものと思います。

殺風景な自宅の部屋や職場のオフィスに、花を飾ったりする。春先であれば、水仙やシクラメン。秋であれば、コスモスや菊でしょうか。鉢植えや花瓶の花に慰められたり、勇気をもらったりします。

仕事に追われて残業が続いたり、介護や育児に苦しんだりする時、自分の時間をちょっと取り戻し、好きな音楽を聴いたり、美味しいものを食べたりする。そうしたほっとする瞬間に己を取り戻し、生きる力を賜ることがあります。余白の時間を楽しむ、ということでしょうか。

忙中閑あり、苦中に楽あり。まさにその言葉のとおり、自らの窮地も、ちょっとした工夫で乗り切っていくことが大事である、と一斎から教えられている気がします。

（一九）「短い一日、一年を充実させる」

怠惰《たいだ》の冬日《とうじつ》は、何ぞ其《そ》の長きや。勉強の夏日《かじつ》は、何ぞ其の短きや。長短《ちょうたん》我《われ》に在りて、日に在らず。待《ま》つ有るの一年は、何ぞ其の久しきや。待たざるの一年は、何ぞ其の速《すみや》かなるや。久速《きゅうそく》は心に在りて、年に在らず。（耋一三九）

怠けて暮らす一日は、短い冬の一日であっても何と長いことか。努めて励む一日は、長い夏の一日であっても何と短いことか。即ち、長い短いは自分の主観にあるのであって、日にあるのではない。同じ様に、何か待つことのある一年は、何と久しいことか。待つことのないい一年は、何と速いことか。久しい速いは自分の心にあるのであって、年にあるのではない。

サラリーマンの職場でよく耳にする会話として、「年末を迎えるが、もう一年近くなるのか、月日が経つのが速いな」とか、「今の職場を早くかわりたい」とかがあります。

毎日の仕事を充実させて取り組む者にとって、一日、一ヶ月、そして一年の経つのは実に速く感じるものです。逆に、現状に不満を抱え、努力を怠る者にとって、一日、一ヶ月そして一年は実に長く感じるものだ、と一斎が述べているように思います。

一日は二十四時間あります。仕事に八時間、睡眠に八時間、その他に八時間といった割り振りでしょうか。仕事の時間を充実させ、生産性を上げるのみならず、その他の八時間、則ち家事や趣味・スポーツの時間をやはり充実させる必要がありそうです。

（二〇）「禍福栄辱《かふくえいじょく》も気の持ちよう」

必ずしも福を干《もと》めず。禍無《かな》きを以《もっ》て福と為《な》す。必ずしも栄を希《ねが》はず。辱《じょく》無《な》きを以て栄と為す。必ずしも寿《じゅ》を祈らず。夭《よう》せざるを以て寿と為す。必ずしも富を求めず。餒《う》えざるを以て富と為《な》す。（耋一五四）

人は、必ずしも幸福を求めなくてよい。禍が無ければ幸福なのであるから。人は、必ずしも栄誉を願わなくてよい。恥辱を受けなければ、それが栄誉なのだから。人は、必ずしも長寿を祈らなくてよい。早死にしなければ、それが長生きなのだから。人は、必ずしも金持ちにならなくてよい。飢えなければ、富があるということなのだから。

災いが無ければ幸せで、恥をかかされなければそれでよい。また、早死にしなければ幸いで、飢えさえしなければそれでよい、と一斎が述べています。しかしながら、禍福栄辱などについて、一斎がやせがまんを求めているものではないと思います。

幸福、栄誉、長寿や富が得られたなら、それはそれで結構なことであり、何もそれを否定する必要はありません。要は心の持ち方、考え方が大事であり、幸福、栄誉、長寿や富に関し、物足りないとか、あるいはそれが得られずとも残念に思わなくてもよいのだ、と一斎が激励しているのだと思います。

長い人生、決して一直線ではないでしょう。山あり、谷ありです。この一斎の教えのように生きて行くならば、人生から不平や不満は退散し、穏やかで充実した日々を送ることができるのではないか、そんな教えなのだと思います。

（二一）「小さなことに拘泥しない」

毀誉得喪《きよとくそう》は、真に是《これ》人生の雲霧《うんむ》なり。人をして昏迷《こんめい》せしむ。此《こ》の雲霧を一掃せば、則《すなわ》ち天青く日白し。（耋二一六）

不名誉、名誉また成功、失敗は、まさにこれ人生の雲や霧のようなものである。これらが人の心を暗くし、迷わせる。この人の心の雲霧である毀誉得喪を一掃するならば、天が青く輝き、日が白く輝くように、人生は明るいものとなる。

仕事をする者にとって事業や事務に成功したり、失敗したりすることは日常的にあります。また、その結果、世間に鼻が高いとか、恥ずかしくて表を歩けないとか思うこともあるでしょう。一斎は、こういったことが人の心を暗く、迷わせるのだと言います。

成功したら喜べばよいし、失敗したら反省すればよいと思います。要はその時、他人を意識し過ぎて、その結果が名誉だとか不名誉だとかに拘泥することなかれ、と一斎が教えているのではないでしょうか。

現代はメディアの時代であり、社会人として一線を越えた言動は即糾弾の対象となりえます。糾弾の匙加減如何の議論もありますが、要は、社会人としてのマナーが問われるのだと思います。

その一線を超えることなく、世間の評価に拘泥せずに暮らすことができたら毎日が明るくなるのだ、と一斎が教えているのです。

第五章　人間として正しく生きるには

（二）「人間だからできること」

権《けん》は能《よ》く物を軽重《けいちょう》すれども、而《しか》も自《みずか》ら其の軽重《けいちょう》を定むること能《あた》わず。度《ど》は能く物を長短《ちょうたん》すれども、而も自ら其の長短を度《はか》ること能わず。心は則《すなわ》ち能く物を是非《ぜひ》して、而《しか》も又自《またみずか》ら其《そ》の是非を知る。是至霊《これしれい》たる所以《ゆえん》なる歟《か》。（言一一）

秤は品物の重さを測ることができるが、自分の重さを測ることはできない。物差しは品物の長さを測ることができるが、自分の長さを測ることはできない。しかし、人の心は、外部の物の是非や善悪を判断することができ、しかも自分の心の善悪を知ることができる。これが、人の心が至って霊妙である所以ではなかろうか。

人の心が他のものと違っている点として、他者の善悪のみならず、自分自身の善悪もわかること、と一斎は指摘しています。

自省という行為は、秤や物差しどころか、人間以外の生き物でさえできないのではないでしょうか。植物が自然に添って育つのは自然の摂理です。犬や猫が人に飼いならされ、その行動の不都合を人から矯正されることはありますが、種の保存のための諸行為などは動物に本能的なものであり、自省に基づいて行われるものではないでしょう。

自分で自身の心をコントロールできる人間は、社会的に問題ある行動を自制して断念したり、欲得に目がくらむのを思い直し、社会にとって良かれと行動することができるのです。もっとも、それができないことが多々あるのも現実ですが。

そこを自省し、自重することこそ人間の人間たる所以、と一斎が教えているのだと思います。

（二）「自然のままに」

静《しずか》に造化《ぞうか》の跡を観《み》るに、皆《みな》其《そ》の事《こと》無き所に行《おこな》はる。（言一七）

心を静かにして、自然の理に従って万物が創造された跡をみると、いずれも無理なく、ことさら構えることなく存在しているものとわかる。

山川草木をはじめ自然界に存在する全てのものは、自然の力のままに創造され存在している、と一斎は言います。人間も自然界の一部であり、従ってわれわれがこの世に存在するに至ったのも、自然の成り行きによるものかと思います。

もう一歩踏み込んで考えると、人の所業というものも、自然に任せ無理なく行うのがよい、ということでしょうか。「自然体」という言葉があるように、ことさら構えることをせず諸事に当たり、これに対処していくという考え方です。

時に、人智では如何ともしがたいこと、自分の力ではコントロールしかねることがあります。そんな時は無理をせず、自然の道理に従って考え、行動すればよいのではないでしょうか。

本箇条はそんな一斎の教えではないか、と考えます。

※　P202の標題の次行の読み下し文末尾に記した（言一七）ですが、「言」は『言志録』の略記であり、本箇条が『言志録』全二四六箇条の第一七条であることを表します。以下同様であり、「後」は『言志後録』、「晩」は『言志晩録』、「耋」は『言志耋録』のそれぞれ略記です。目次の末尾参照。

（三）「名声との付き合い方」

名を求《もと》むるに心《こころ》有るは、固《もと》より非《ひ》なり。名を避《さ》くるに心《こころ》有るも亦《また》非なり。（言二一五）

名声を求めるのに欲があるのはよろしくない。しかし、名声を無理に避けようとするのもよろしくない。

名誉をことさら貪るように求めることはいかがなものか、一方で、当然受けるべき名誉を拒むという心もいかがなものか、ということを一斎が述べています。

人は社会的な活動を通してその役割を果たし、もって生計を立てています。そこで立派な仕事をすれば、結果として社会的な名声を得ることにも繋がります。しかし、名声を得ることを目標にし、日々の努力は二の次といったようなことではいけないのではないか。また、目的をもって仕事をし、その結果として得られた名声は、それを無理に拒む必要はなかろう、ということを一斎が教えているのだと思います。

科学者が、自分の研究成果を人類のために役立てるべく、その成果を広く世界に知らしめ、実用化に向けて売り込もうとすることがあります。しかし、それは名声を貪るようなものでない限り大切なことであり、それを知らしめることにより人類の進歩も確かなものになっていく、というものではないでしょうか。

要は、名声というものに対し人は謙虚でなければならず、ことさらこれを求めたり、必要以上に遠ざけたりする必要はない、ということだと思います。社会に対し為すべきことを為し、為すべからざることを慎めばよい、ということではないでしょうか。

（四）「足るを知る」

分《ぶん》を知《し》り、然《しか》る後《のち》足《た》るを知《し》る。（言四二）

分限というものを知れば、望外のことは望めず、身の程をわきまえれば、現状で満足することを知るのである。

京セラの創業者で、日本航空の再建にも力を発揮した稲盛和夫氏は、自著の中で、「自然の理に学ぶ『足るを知る』という生き方」を説かれています。「ライオンも満腹のときは獲物をとりません。それは本能であり、同時に創造主が与えた『足るを知る』という生き方です」（『生き方』平成十六年㈱サンマーク出版刊）と。また、「自分の欲望を抑えることがかえって自分を生かすこと」（『稲盛和夫の哲学』平成十三年ＰＨＰ研究所刊）とも述べられています。

資源に限りがあり、食料危機や地球温暖化、また原発問題などが取り沙汰されている現代社会にあって、人間も自然界の一存在であることを思うと、人が自然に対して収奪する心を慎むことの大切さはよく理解できます。

さらに、人と人の関わる社会における生き方として、「足るを知る」ことが、己の境涯を切り開く力となるのではないでしょうか。現在の自己の置かれた境遇を直視し、分をわきまえれば、望外のことなどに心を煩わされず、かえって己を生かす道につながるのだ、という一斎の教えではないかと思います。

（五）「敬の心で」

敬《けい》能《よ》く妄念《もうねん》を截断《せつだん》す。昔人云《せきじん》ふ、敬は百邪《ひやくじや》に勝《か》つと。百邪の来《きた》るには、必ず妄念有《あ》りて之《これ》が先導《せんどう》を為《な》す。（言一五五）

心に敬（自分を慎み、他人を敬う）の気持ちがあれば、みだりな思いを断ち切ることができる。古人は「敬は幾多の邪悪に勝つ」と言った。様々な邪悪がやって来る時には、みだりな考えが先に立って道案内をする、というものである。

邪悪なことが迫って来る時は、無分別で道理に反した考えが先立っているものだ、と一斎が述べています。心の中に、慎み深く、相手を敬う「敬」の気持ちがあれば、人間社会の不正や邪悪な所行を起こすことはない、という一斎の教えではないかと思います。

詐欺や賄賂、名誉棄損、またいじめやストーカー、ＤＶといった今日的な

（5）「敬の心で」

問題に至るまで、人の不正や邪悪な所行の根源に、「不敬」という心の問題があると考えられます。相手を大切にしない、自分さえよければ、といった態度が不正な事件を惹起する、と一斎が教えているのではないでしょうか。

傲慢で、相手を見下したりすることなく、自らを慎む。それにより、厄介な問題を抱え込むことを少なくすることができるのではないか、と思います。

（六）「不肖《ふしょう》の子も」

有名《ゆうめい》の父、其《そ》の子の家声《かせい》を墜《おと》さざる者鮮《すくな》し。或《ある》ひと謂《い》う、世人《せじん》其の父を推尊《すいそん》し、因《よ》りて其の子に及ぶ。子《こ》たる者《もの》豢養《かんよう》に長じ、且《か》つ挟《さしはさ》む所有り。遂《つい》に傲惰《こうだ》の性《せい》を養成《ようせい》す。故に多くは不肖《ふしょう》なりと。固《もと》より此《こ》の理《り》無きに非ず。而《しか》るに独り此《これ》のみならず。父既《すで》に非常《ひじょう》の人なり、寧《いずく》んぞ慮《おもんぱかり》の予《あらかじ》め之が防《ぼう》を為すに及ばざらんや。畢竟《ひっきょう》之を反《かえ》りみさせる能《あた》わざるのみ。蓋《けだ》し亦数《またすう》有り。試《こころみ》に之を思へ、就《すなわ》ち草木の如きも、今年《ことし》実を結ぶこと多きに過ぐれば、則ち明年《みょうねん》必ず歉《けん》す。人家乗除《じんかじょうじょ》の数《すう》も、亦然《またしか》る者《もの》有り。（言二〇〇）

有名な父の子で家の名声を落とさない者は少ない。ある人は「世の中の人がその父を推し尊び、その子まで褒める。その子は贅沢の中に育ち、悪い思いを抱き、ついには傲慢で怠惰な性格を養成する。したがって多くが愚かなものとなる」という。固よりこのような理由がないわけではない。しかし、これだけではない。父は既に非常に優れた人なのだから、どうして考えが予めこれを防止するに及ばないことがあろうか。つまり父が我が子を反省せしむることが

できないだけのことである。思うにこれも運命である。試みに考えてみよ。草木の如きも、今年実を結ぶことが多過ぎると、翌年は必ず不作となる。人の家の盛衰の運命も、また同様なものである。

社会的に著名な人物の、その子が社会で思うほどの力が発揮できない例などを見かけることがあります。

一斎は、父が有名だと世間の人がその子を甘やかし、傲慢で怠惰な性格にしてしまうことになる、その父が我が子を反省させることができないのも、運命である、と述べています。

必ずしも、そうばかりではないと思いますが、思うに父親が子育てに目を向けることが無いままだと、そういう結果になるのではないでしょうか。

父親が、我が子に正面から向き合うことで、子を立ち直らせたり、子に飛躍のきっかけを与えたりするところを、時々見かけるように思います。

（七）「善悪の皮膜《ひまく》」

看来《みきた》れば宇宙内《うちゅうない》の事《こと》、曷《なん》ぞ嘗《かつ》て悪《あく》有らん。過不及《かふきゅう》有る処《ところ》、即《すなわ》ち是《これ》悪なり。看来れば宇宙内の事、曷ぞ嘗て善《ぜん》有らん。過不及無き処《ところ》、即《すなわ》ち是《これ》善なり。（言二〇五）

考えてみると、世の中のことで、どうして本来悪というものがあるだろうか。過ぎたり、及ばなかったりすることが悪である。また同じように、世の中のことで、どうして善というものがあるだろうか。過ぎたり、及ばなかったりすることが無いのが善である。

善と悪のあり様を物語っています。まずは、悪についてです。人を傷付ければ傷害罪となります。しかし、正当防衛であれば、罪は免れます。軽油抜き取り検査は、警察の協力のもと県税事務所、環境事務所が行っていますが、ディーゼル車に重油を混入させ、その分軽油を減らせば、その行為は脱税であり、環境悪化の原因となります。

次に善についてです。我が子を過保護にせず自立に導く家庭教育の場や福祉の現場などで、必要以上に手をかけず、対象者を自立に向かわせる方法も一種の善の実行といえるのではないでしょうか。また、子供のSOSのサインや、職場で部下の仕事の超過負担を見逃さないといったことも一種の善の行い、ということになるのではないでしょうか。

このように見て来ると、「善と悪」とは、思いや行いの過不足の有無によるものであって、紙一重の関係にあるもの、と一斎が教えているように思えて来ます。

（八）「志は邪念を振り払う」

閑想客感《かんそうかくかん》は、志の立たざるによる。一志既《しすで》に立たば、百邪退聴《ひゃくじゃたいちょう》せん。これを譬《たと》ふるに、清泉湧出《せいせんゆうしゅつ》すれば、旁水《ぼうすい》の渾入《こんにゅう》するを得《え》ざるなり。（後一八）

> **つまらない考えが浮かんだり、周囲が気になり心がざわついたりするのは、志がしっかりしていないからだ。**
> **一つの志がしっかり確立していれば、多くの邪念は退散し服従する。**
> **それは、清らかな泉が湧き出るところには、外から汚れた水が入り込めないようなものだ。**

危機的な状況を打開しようとする時は、己をむなしくして、ただ現状の解決に至るを図るべきだと思います。誰かが言ったからではなく、何が必要で、何が最善の解決策かを一心に考え、こうと決めたら実践することだと思います。

この場合志とは、危機を何としても突破する、という強い意志ではないでしょうか。

平常の業務や日常的な課題を処理する時であっても、一つの考え、一つの信念があってしかるべきだと思います。仕事や暮らしで直面する諸課題に的確に対処していくには、自らこのようにしたいという思いがあって、はじめて物事は前に進んでいくのではないでしょうか。

この場合志とは、社会に役に立ちたい、あるいは、今の暮らしをより良くしたいという意志だと思います。

本条は、そんなことを一斎が教えている箇条だと思います。

（九）「大言壮語でなく」

好《この》みて大言《たいげん》を為す者《もの》有り。其《そ》の人必ず少量《しょうりょう》なり。好みて壮語《そうご》を為す者有り。其の人必ず怯懦《きょうだ》なり。唯《た》だ言語の大ならず壮ならず。中《うち》に含蓄《がんちく》有る者、多くは是識量弘恢《これしきりょうこうかい》の人物なり。（後六八）

世の中には好んで大きなことを言う者がいる。そういう人は必ずと言っていいくらい度量が小さい。また、世の中には好んで元気のいいことを言う者がいる。そういう人は必ずと言っていいほど臆病である。ただ、口にする言葉が大きくもなく、元気があるわけでもないが、その中に深みのある者は、多くは見識が高く、度量の大きい人物である。

大きなことを口にする人、また、やたら強がりを言ったりする人がいます。そういう人は、度量が小さかったり、臆病であったりする、と一斎は述べています。

ことさら自分を大きく見せようとするのではなく、現実を踏まえて実現可能な道を模索する態度が必要ではないでしょうか。勿論、夢を大きく持つことを否定するものではありませんが。

空元気で、口先に勢いあるを良しとするのではなく、行なおうとする中身を吟味し、具体的で創造的な成果を追及する態度が大事ではないでしょうか。もっとも、元気に挨拶できる人でありたいと思いますが。

見識が高く、度量も大きい人物は言葉に深みがある、と一斎は述べています。よく考えて物事を実行に移す、しかも落ち着いて着実にものにしていく、そういう態度を身に着けてゆくことが大切ではないかと思います。

（一〇）「子弟の教育」

草木《そうもく》の萌芽《ほうが》は、必ず移植して之を培養せば、乃《すなわ》ち能《よ》く暢茂《ちょうも》条達《じょうたつ》す。子弟の業《ぎょう》に於けるも亦然《またしか》り。必ず之《これ》をして師に他邦《たほう》に就《つ》きて其《そ》の橐籥《たくやく》に資《し》せしめ、然《しか》る後《のち》に成る有り。膝下《しっか》に碌々《ろくろく》し、郷曲《きょうきょく》に区々《くく》たらば、豈《あ》に暢茂条達の望《のぞむ》有らんや。（後一四六）

> 草木が芽生えたら、必ず移植して育てると、よく伸び茂り、枝葉が広がっていく。子弟の学業においても当てはまる。必ず子弟を他国へ出して師について学ばせ、鍛錬してはじめて学業が成るのである。いつまでも父母のもとにごろごろしたり、郷里でこせこせしていたなら、どうして草木が成長するように、学業が成就することが望まれようか。

子弟の教育のあり方を説いているものです。「可愛い子には旅をさせよ」と言いますが、親元を離れてしかるべき先生について、しっかり学ばせなければならない、との教えです。

幕末の諸国の志士は、主に西洋の学問を吸収しようと、江戸や長崎に学びに出ました。一斎の弟子佐久間象山のもとで、吉田松陰や坂本龍馬らが学んだようにです。現代では、東京の大学や、海外の大学へと学びの場を求め、地方の学生が親元を離れていきます。

自立に向けて父母の元を離れ、自活しながら学ぶ。そして、良き師に巡り会って己を鍛錬し、はじめて学業を成就させることができると一斎が述べていますが、そのとおりだと思います。この学業の成就が、社会で役に立つ人間を育てるのだと思います。

そういう子弟教育のあり方を、萌芽した草木の移植になぞらえて、一斎が教えているものだと思います。

（一一）「子供との距離感」

子を教うるに、愛に溺《おぼ》れて以て縦《じゅう》を致《いた》す勿《なか》れ。善を責《せ》めて以て恩を賊《そこな》う勿れ。（後一五九）

> **子供を教えるには、溺愛して我儘にさせてはならない。また、善行を強いて子供を責め、親の恩を仇にさせてはならない。**

子弟の教育のあり方として、子供との距離感を一斎が説いています。

孟子によると、「父子善を責むるは恩を賊《そこな》うの大なるものなり」とあります。まさに、親子の情愛を損なってまで、善を強いて子を責め立てるようなことがあってはならない、と戒めているものです。一方で、子供を溺愛すると、子は我儘になってしまいます。何でも買って与えたり、子供が不自由しないようにと動き回る親は少なくありません。

子供への真の愛情とは、何でしょうか。子供の自立に向けて、必要なことは支援を惜しまないことですが、それをやり過ぎないようにしないといけません。また、親がよかれと思う考えを子に無理強いすることを慎み、子供が善に向かって歩み出すのを温かく見守ることではないでしょうか。

本箇条はそういう子弟教育の望ましい姿を、孟子を引いて一斎が教えているものだと思います。

(一二)「老人の戒めとして」

其《そ》の老ゆるに及《およ》んでや、之《これ》を戒《いまし》むるは「得《とく》」に在り。「得」の字、指す所の何事か知らざりき。余《よ》、齢《よわい》已《すで》に老ゆ。因《よっ》て自心《じしん》を以《もっ》て之《これ》を証するに、往年《おうねん》血気盛なりし時は、欲念《よくねん》も亦《また》盛なりき。今に及んで血気衰耗《すいもう》し、欲念却《かえ》って較澹泊《ややたんぱく》なるを覚《おぼ》ゆ。但《た》だ是年歯《これねんし》を貪《むさぼ》り、子孫を営む念頭《ねんとう》、之を往時《おうじ》に比するに較濃《ややこま》やかなれば、「得」の字或いは此《こ》の類《るい》を指し、必ずしも財を得《え》、物を得るを指さず。人は、死生命《しせいめい》有り。今強《し》いて養生を覓《もと》め、引年《いんねん》を蘄《もと》むるも、亦命《またまい》を知らざるなり。子孫の福幸《ふくこう》も、自《おのずか》ら天分《てんぶん》有り。今之《こ》れが為故意に営度《えいたく》するも、亦天《またてん》を知らざるなり。畢竟是老悖衰颯《ひっきょうこれろうばいすいさつ》の念《ねん》頭《とう》にて、此都《これす》べて是《これ》「得」を戒むる条件なり。知らず、他の老人何の想を著《つ》け做《な》すかを。(後一七六)

論語に、老人になってから戒めるものは「得」である、という。この「得」の字が何を指すのかをわからなかった。私も既に老いたから、自分の心でこれを証拠だててみるならば、昔、血気盛んであったときは、欲心もまた盛んであった。今となっては、血気は衰え、欲心もやや淡泊になってきたように思う。ただ長生きをしたいと思ったり、子孫のために取り計らおうとする考えが、昔にくらべてやや強くなっているから、「得」の字はあるいはこの類のことを指し、必ずしも財産を得たり、物を得たりすることを指さないのであろう。人には生きるも死ぬも天命がある。今、この年になって無理に養生をして長生きを求めるのは、天命を知らない生き方である。子孫の幸福にも自ずから天与の分限というものがある。今、子孫のために意図して取り計らうのも、また天命を知らないということだ。結局、こうした考えは、老いぼれて衰えた者の考えであって、これらはすべて戒めるべき「得」に含まれることになる。これは、自分の考えであるが、他の老人はどう考えているかを知らない。

一斎は、年をとってから自分の長命や、子孫の心配をすることが、論語で戒めとされた「得」というものだ、と持論を述べています。

その前提として、人の命は天から与えられたものだから、生きるも死ぬもすべて天命であるという一斎の考えがあります。そして、自分の寿命をやたら延ばそうとしたり、親が子や孫の先行きを何かと手配するようなことは、戒めるべきと教えています。

寿命に関して無理な養生をしないとは、現代的に言えば延命治療を慎むといったことになるのでしょうか。子孫の心配をしないとは、子や孫の幸せは自ら掴むものであり、親が計らうことのかなわないものであるから、必要以上には行わない、ということではないでしょうか。

生命や財産の管理、これらが思うにまかせないものであることを思います。自分の寿命も、子孫の幸福も、すべて天から与えられるものであり、これに素直に従おうとする心があれば、穏やかに生きていくことができるのかもしれません。

佐藤一斎『言志四録』の碑文

岐阜県恵那市岩村町の城下町の通りの所所に、佐藤一斎の『言志四録』の一箇条を刻んだ石碑が設置されている。この石碑は、『言志耋録』139条の一節を紹介するもの。（本書P192参照）

（一三）「父性と母性」

父の道《みち》、当《まさ》に厳中《げんちゅう》に慈《じ》を存《そん》すべし。母の道《みち》、当に慈中《じちゅう》に厳《げん》を存すべし。（晩二二九）

> 父たる者は、厳しさの中にも慈愛がなくてはいけない。母たる者は、慈愛の中にも厳しさがなくてはいけない。

子育てに当たっての父母の心得として、その役割分担のようなものを一斎が述べています。

父は、子どもを強い人間に育てるために、厳しく接することが大切ですが、ただ厳しいだけでは駄目で、時には子どもに愛情を注ぐ眼差しがなくてはいけない、ということでしょう。

母は、子どもを優しい人間に育てるために、慈愛の心で接することが大切ですが、ただ慈しむだけでは駄目で、時には子どもを叱咤激励することも必要である、ということでしょう。

父性と母性。この両方があって、子どもはバランスの取れた人間に育っていきます。母子家庭では母が父性を、父子家庭では父が母性を併せもって子に接することが必要ということになりますが、これは容易なことではなかろうと思います。

（一四）「親が子を生み育てること」

親を養《やしな》う所以《ゆえん》を知らば、則《すなわ》ち自《みずか》ら養う所以を知る。自ら養う所以を知らば、則ち人を養う所以を知《し》る。（晩二七三）

> 子として親の面倒をみなければならない理由がわかれば、自らわが身を大切にしなければならない理由を知る。自分の身を大切にするわけがわかれば、人を大切にしなければならない理由がわかる。

年老いた親の面倒をみることは、決して楽なことではないかもしれませんが、子としてそうしなければならない理由は果たして何でありましょうか。

己を生み育ててくれた親だから、それに報いることは大切なこととわかれば、今度は自分の身を大切にしなければならない理由がわかる、と一斎が述べています。我が身は親が生み育ててくれた大切な存在ですから。

さらに、自分の身を大切にする理由がわかれば、他人を大切にしなければならない理由もわかる、と一斎が述べています。他人も同じ人間であり、その親が生み育ててくれた大切な存在であるのですから。

全て人間は、その親から生まれて来ます。そして愛情をもって育てられます。自分は親からの愛情など感じられない、という人もいるかもしれません。が、子どもを生み育てる営みは、愛情無くしては決して行いえないものだと私は思います。

(一五)「道理に照らして」

凡《およ》そ事《こと》を為《な》すには、当《まさ》に先ず其《そ》の義の如何《いかん》を謀《はか》るべし。便宜《べんぎ》を謀る勿《なか》れ。便宜も亦義《ぎ》の中に在り。(耋九六)

すべて事をなす場合には、当然にその事が道理に適っているかどうかを考えなければならない。都合がいいかどうかを考えてはならない。都合のよさも、道理に適うかどうかの中にあるものだ。

物事を為す場合にそれが道理に適うかどうかで判断すべき、との一斎の教えです。

例えば商品を企画して販売する、市民の安全を考えて防災計画を樹立する。こうした仕事のことばかりではありません。子どもの進学や、結婚について考える、といった社会生活の場合も同様でありましょう。

全て物事を為す場合に考えないといけないことは、それが道理に適っているかどうかである、と一斎は言います。商品であれば、品質や価格の合理性を、防災計画であれば安全確保の現実性を問わねばならないと思います。子どもの進学や結婚も、その子にとって相応しいものかどうかを考えねばなりません。

自分に都合がよいかとか、誰かの都合が優先されるかという基準で考えてはならないのですが、こうした都合の良し悪しの判断も、道理に適うかどうかに含めて総合的に判断される必要がある、ということを一斎が述べているのだと思います。

（一六）「老人の心構え」

少者《しょうしゃ》は少《わか》きに狃《な》るる勿《なか》れ。壮者《そうしゃ》は壮《そう》に任《まか》する勿《なか》れ。老者《ろうしゃ》は老《ろう》を頼《たの》む勿れ。（耋三三二）

若いものは、若さに甘えて我がままなことをしてはならない。壮年の者は、元気であることに任せてやりすぎてはならない。老人は、年をとっていることを口実に、他人にもたれかかってはならない。

特に、老人の生き方を一斎が戒めていることに注目します。今日の我が国は、少子高齢社会が急速に進み、老人大国にもなろうとしています。約百五十年前の幕末期に、この結果を予想することはできなかったと思いますが、今や老人の問題として老害ということが言われています。年の功をかさに着て、事の運営などに必要以上に口を出し、これを阻害することなどです。

お年寄りが若い人に頼ることは、ある程度は必要です。例えば若い者が、列車内でお年寄りに席を譲ったりすることは今や常識となっています。しかしながら、お年寄りが年をとっていることを口実に、若い人にもたれかかってはいけない、という一斎の教えは、実に考えさせられるものがあります。

国が示す少子高齢社会の将来（二〇五〇年）の姿として、六十五歳以上のお年寄り一人を支えるのが、二十～六十四歳の現役世代の一・二人という「肩車型」社会が描かれています。これが一九六五年当時は、お年寄り一人を九・一人の現役世代が支える「胴上げ型」社会でした。今後、若者の増加が見込めないならば、肩車に乗るお年寄りが、若者に重くのしかからないようにしなくてはならないのではないでしょうか。そのためには、社会で引き続き働くか、そうでなくても、極力自立した生活に努め、肩車型社会を維持していけるよう、協力する姿勢が大切ではないかと考えます。

この箇条を書いたのは、一斎が八十歳のころであり、老いてなお衰えない精神力を維持していた哲人の言葉かと思います。死ぬまでなお学び続け、自分でできることは自分でやるべし、という一斎の声が聞こえてくるようです。

あとがき

佐藤一斎の先祖は、岐阜県美濃市にある古城山・上有知城主であった佐藤六左衛門秀方の弟信清です。佐藤家は、一斎の曽祖父周軒から、美濃の岩村藩に仕えました。父佐藤信由も岩村藩の家老を務め、一斎はその次男として、一七七二年（安永元年）十月二十日江戸藩邸で生まれました。一八五九年（安政六年）九月二十四日享年八十八歳で亡くなりましたが、一斎の墓は東京六本木の深広寺の一角に、ひっそりと佇んでいます。

一斎の教えは、『言志四録』（『言志録』、『言志後録』、『言志晩録』『言志耋録』の全四巻を総称したもの）として千百三十三箇条にまとめられています。『言志録』は一斎が四十二歳の時に、『言志後録』は五十七歳以後に、『言志晩録』は六十七歳から七十八歳までに、『言志耋録』は八十歳以後に書かれ、出版されたものです。

その『言志晩録』六〇条に、
「少にして学べば、則ち壮にして為すこと有り。
壮にして学べば、則ち老いて衰えず。

老いて学べば、則ち死して朽ちず。」

とあります。

少年のとき学べば、壮年になって名をなすことになる。壮年のとき学べば、老年になっても精神的に衰えることはない。老年になってもなお学べば、死んでもその名は朽ちることはない。（神渡良平著「佐藤一斎『言志四録』を読む」より）

これが「三学戒」の教えとして知られており、小泉純一郎元総理が、二〇〇一年五月、衆議院本会議で教育改革関連三法案の審議の席上言及されたことから、『言志四録』とは何だと一躍脚光を浴びることとなりました。

旧岩村藩にあたる恵那郡岩村町を二〇〇四年十月に合併した現在の岐阜県恵那市は、二〇一一年四月に「三学のまち恵那」宣言を行いました。佐藤一斎の三学の精神を理念として、生涯学習都市づくりを進めることとし、恵那市中央公民館の敷地には、「三学のまち恵那　宣言」の石碑が設置されました。また市内岩村町に残る岩村城址には、一九九六年十月「三学戒の碑」が建立され、二〇〇二年十月に除幕された佐藤一斎翁座像台座には、小泉元首相の揮毫が施されています。

我が国は人口減少社会に突入し、二〇一四年に日本創生会議座長の増田寛也氏が警鐘を鳴らした「消滅可能性都市」に、一斎の出身地である現在の恵那市が該当することとなりました。子どもを生み育てること、一方でお年寄りの介護や医療が今や喫緊の社会的課題となっています。

本書では、佐藤一斎の珠玉の言葉の数々を一箇条づつ紹介する形をとりながら、上記の私自身の問題意識から、少子高齢社会を克服する手立てとして、一斎の教えの幾つかを引き出すことに努めたつもりです。

子どもを生み育てることの大切さを踏まえ、第五章では、(一〇)「子弟の教育」、(一一)「子供との距離感」、(一四)「親が子を生み育てること」等をとり上げました。子どもを生み育てる営みは、親の愛情無くしては行いえないこと、などを述べてみました。

壮年期に、人が社会で役割を果たすにはどうしたらよいか、というテーマについては、第一章で「己れを見つめ、社会で役割を果たすには」として、第三章で「円滑に立派な仕事を行うには」として、幾つかの一斎の言葉をとり上げることとしました。

一斎は、昌平坂学問所の儒官を務められた方で、今で言えば東京大学総長に匹敵する方でした。幕末の社会状況を背景とすれば、リーダー論が一斎の教えの真骨頂であると私は考えています。したがって、第二章では、「リーダーとして人を導くには」というタイトルで、計二十一箇条をとり上げています。

また、一斎の教えは、人が生きる上で必要な数々のことに及んでいます。自然に親しみ、人生を楽しみながら生きる心構えを計二十一箇条とり上げ、第四章「爽やかな心で充実して生きるには」にまとめてみました。

そして、再び第五章では、「人間として正しく生きるには」として、「少」、「老」を中心テーマとする計十六箇条をとり上げました。特に（一六）「老人の心構え」では、少子高齢社会の将来像として「肩車型社会」を予測し、たとえそうなっても、肩車に乗るお年寄りが若者に重くのしかからないようにすべきことを最後に述べてみました。

八十八歳で没した佐藤一斎が、八十二歳まで『言志耋録』を執筆していたことを思うと、「老いて学べば死して朽ちることのない」生き方を、一斎自身が実践していたのだと思います。

合掌

参考文献

・言志四録㈠～㈣川上正光全訳注　講談社学術文庫
・人が動く　リーダーの座標　佐藤一斎「言志四録」に学ぶ
　新井恵理著　ルックナウ
・佐藤一斎一日一言　渡邉五郎三郎監修　到知出版社
・佐藤一斎「重職心得箇条」を読む　安岡正篤著　到知出版社
・佐藤一斎「言志四録」を読む　神渡良平著　到知出版社
・美濃市資料「歴史的風致維持向上計画（第2章）」
・覚悟の磨き方　超訳吉田松陰　池田貴将編訳　サンクチュアリ出版
・新版「夜と霧」　ヴィクトール・E・フランクル著　池田香代子訳
　みすず書房
・無意味な人生など、ひとつもない　五木寛之著　PHP研究所
・生き方　稲盛和夫著　サンマーク出版

堀江美州

昭和三十二年（一九五七年）生まれ。佐藤一斎研究家。県立岐阜高校、早稲田大学政経学部卒業後、昭和五十五年四月岐阜県庁に入庁。本名　堀江誠。美州は、美濃の国出身という意味の俳号。岐阜県で、秘書課長、総合企画部次長（少子化対策担当）、東京事務所長、出納事務局長等を歴任。平成二十六年四月から一年、恵那事務所長を拝命。平成二十七年四月から一年間、岐阜県図書館副館長を拝命。現在、岐阜県社会福祉協議会参事で、岐阜県福祉人材総合対策センター長を務める。

俳誌「銀漢」同人。主な著作等としては、『地平線』、『長良川彩色』、『平成西美濃音頭』といずれも郷土美濃・飛騨をテーマとした作詞作曲作品などがある。

幕末の大儒学者「佐藤一斎」の教えを現代に
心を治むる指南書「言志四録」を読む

二〇一七年九月二十日　初版第一刷発行

著　者　堀江美州
発行者　谷村勇輔
発行所　ブイツーソリューション
〒四六六・〇八四八
名古屋市昭和区長戸町四・四〇
電　話　〇五二・七九九・七三九一
ＦＡＸ　〇五二・七九九・七九八四
発売元　星雲社
〒一一二・〇〇〇五
東京都文京区水道一・三・三〇
電　話　〇三・三八六八・三二七五
ＦＡＸ　〇三・三八六八・六五八八
印刷所　藤原印刷

ISBN978-4-434-23647-1